삼국유사

어디까지
읽어 봤니?

삼국유사
어디까지
읽어 봤니?

이강엽 글 | 김이랑 그림

나무를 심는 사람들

열 가지 주제로 읽는 삼국유사

지원에게

갓난아기 때부터 너를 봐 와서인지 항상 어리게만 느껴졌는데 벌써 중학생이라니 실감이 나지 않는다. 지원이 엄마와 내가 사촌 간이니까 너와는 오촌 사이가 되겠지만 자주 왕래하며 친하게 지내다 보니 너는 나를 삼촌처럼 가깝게 따랐었지. 그래서 네가 중학생이 된 기념으로 선물을 하나 주고 싶어. 무슨 선물인지 궁금하다고? 바로 이야기 선물이야. 그동안 너를 위한 책을 한 권 써 봤단다.

나는 한국 고전 문학을 공부하는 사람이야. 그러니 내가 공부한 고전 문학을 지원이에게 잘 이야기해 주는 게 네게 주는 가장 귀한 선물이 아닐까 해. 어느 따뜻한 봄날, 너와 함께 공원을 산책하며 내가 오랫동안 공부하며 느끼고 생각한 것들을 너와 주거니 받거니 이야기하듯 가벼운 마음으로 전해 주려는 거야.

네게 소개해 주려는 우리 고전은 바로 『삼국유사』야. 너도 이미 학교에서 배웠을 테고, 중학교를 마치고 고등학교에 가도 여전히 배우게 되는 책이지. 너무 많이 배우는 책이라고? 천만에! 그렇지 않아. 나는 대학 때도 『삼국유사』를 공부했고, 대학원 때도 공부했고, 교수가 되어서도 공부했지. 지금도 학생들에게 가르치고 있어. 또, 내게 배운 학생들은 나중에 모두 교사가 되니까, 다시 그들의 학생들에게 가르치겠지. 『삼국유사』는 그럴 만한 가치가 충분한 책이야. 거기에는 우리나라의 설화, 역사, 문학, 종교, 풍속 등등이 알차게 들어 있어.

　그렇다 해도 『삼국유사』는 그냥 '옛날이야기'가 아니냐고? 맞아, 옛날이야기야. 그렇지만 "옛날 옛적에~"로 시작하는 그런 옛날이야기이기만 한 것은 아니야. 신화를 통해 우리 민족의 근원에 대해 생각하게도 하고, 역사책에서는 다 싣지 못한 옛사람들의 삶을 잘 모아 두기도 했지. 그래서 여전히 살아 있는 '오늘의 이야기'이기도 해. 실제로 『삼국유사』에 있는 많은 이야기들은 지금도 드라마나 영화, 연극 등으로 새롭게 만들어지고 있지. 〈서동요〉 이야기는 인기 드라마의 소재가 되기도 했고, 백제의 옛 도읍지였던 부여에는 '서동요 테마파크'도 있어. 『삼국유사』의 이야기들이 여전히 현재 우리의 삶에 영향을 주고 있다는 것을 알 수 있지.

　『삼국유사』는 옛이야기의 보물 창고와도 같아서 한국인이라면 꼭 읽어야만 하는 값진 책이야. 어떤 학자는 대학에 '삼국유사학과'를 만들어야 한다고 할 정도지. 그런데 지원아, 그런 보물은 그냥 얻어지는 게 아니야.

아무리 훌륭한 보물이라도 진가를 알아보는 눈이 필요한 법이거든. 그래서 나는 이 책을 그냥 쭉 소개하는 게 아니라, 이야기로 풀어 보려고 해. 요새 어디서나 '스토리텔링(storytelling)'을 강조하던데, 말 그대로 이야기(story)를 말해(tell) 주는 거지. 그런데 『삼국유사』가 바로 그런 스토리텔링의 좋은 길잡이야.

도대체 이야기가 뭐냐고? 별 거 아니야. 소설을 보든 영화를 보든 줄거리가 있잖아. 인물과 인물이 나와서 서로 얽히면서 어떤 일이 벌어지는 것들을 쭉 늘어놓으면 그게 다 이야기야. 이 책을 쓰신 일연 스님은 이야기 만들기의 도사야. 스님은 『삼국유사』의 방대한 이야기들을 주제를 달리하여 모두 아홉 편에 나누어 엮으셨지.

나는 이야기의 도사가 들려주는 이야기를 다시 내 방식으로 풀어서 너에게 들려줄 거야. 말하자면, 열 개의 주제가 있는 이야깃주머니에 『삼국유사』의 이야기를 담는 거지. 각각의 이야기들이 어떤 특성을 갖고 있는지 알아보는 것에서 시작해서, 우리 신화 이야기, 수수께끼 풀이, 대단한 인물들이 힘과 지혜를 겨루는 이야기 들을 보게 될 거야. 〈임금님 귀는 당나귀 귀〉 같은 재미난 이야기도 만나고, 시뻘건 화로를 머리에 이고 당나라 최고 승려에게 제자 되기를 청한 용감한 신라의 혜통 스님도 만나게 되면서, 따로따로 흩어져 있는 것처럼 보이는 『삼국유사』의 이야기들이 재미있게 하나로 꿰어지게 될 거야. 가능하면 『삼국유사』 원래의 순서

대로, 또 거기 실려 있는 이야기의 맛을 그대로 느낄 수 있도록 배려했단다. 이 책을 읽으면서 지원이가 이야기를 배우는 것이 아주 즐거운 놀이임을 알게 된다면 좋겠다.

더 나아가 이 책으로『삼국유사』에 대한 관심이 커져 네가『삼국유사』전체를 읽고 싶은 마음이 들게 된다면 더할 나위 없이 기쁘겠다. 여기저기『삼국유사』에 대해서는 하도 말을 많이 해서 제목은 알고 있지만 한 번도 접해 보지 못한 사람들이 많은데, 이 책을 재미있게 읽다 보면 자연스럽게『삼국유사』의 참맛을 알게 될 거고, 그러면 틀림없이『삼국유사』를 온전히 읽고 싶게 될 거야.

음, 말이 너무 길어지는구나. 조금만 기다려. 아주 멋진 이야기를 들려줄게.

이강엽

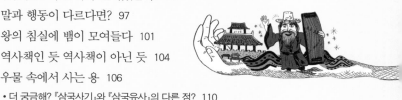

첫째 놀이. 신비로운 것을 찾아라

시작은 신기한 이야기부터

지원아, 이 책은 『삼국유사』에 대한 이야기야. 어느 책이나 그렇듯이 책 내용이 궁금하면 어떻게 할까? 그래 차례를 쭉 훑어보면 대략 알 수 있거든. 『삼국유사』는 모두 아홉 편으로 나뉘어 있는데, 그중 제일 처음 나오는 게 「기이」야. 신기하고 이상한 일들을 기록해 놓은 편이라는 뜻이야. 물론 요즘은 신비하게 느껴지는 일들이 많이 줄기는 했어. 내가 어릴 때만 해도 하늘에 무지개만 떠도 가슴이 뛰곤 했는데, 지금은 수증기가 햇빛에 반사하여 생기는 자연 현상쯤으로 여기는 사람들이 많지.

그러나 과학이 아무리 발달하고 많은 지식을 쌓더라도 인간의 한계를 넘어서는 일들은 어디에나 있기 마련이야. 그것들은 인간이 아닌 하늘에 속한 일이거나, 인간이 쉽게 도달할 수 없는 신비로운 영역으로 이해되곤 해. 일연 스님은 그렇게 보통 사람들이 쉽게 경험할 수 없는 이야기들을 「기이」편에 담아 둔 거야. 그렇다면 대체 어떤 것들이 그런 이야기일까?

　　옛날의 성인들이 예절과 음악으로 나라를 일으켜 세우고 어짊과 정의로 교육을 할 때 괴이한 것, 제멋대로의 폭력, 세상을 어지럽히는 짓, 잡다한 귀신 등에 대해서는 말하지 않았다. 그러나 역대의 황제와 왕 들이 일어나려 할 때는 하늘의 명령을 증명하는 특별한 징조를 보인다든지 오지 않은 미래의 일을 기록해 둔 예언서를 받는 등 반드시 보통 사람들과는 다른 면모를 보인 뒤에 큰 변란이 일어나는 때를 맞추어 황제의 지위를 얻고 나라를 세우는 큰일을 이루어 낼 수 있었다.(「기이」편의 서문)

맨 먼저 '성인'이라는 말이 나오지? 말 그대로 성스러운 사람이라는 뜻이야. 영어로는 '세인트(Saint)'라고 하는 그 성인 말이야. '성(聖)'

『삼국유사』는
스릴러 물이 아닙니다.

13

이라는 한자를 가만 보렴. 위에 귀[耳]와 입[口]이 있어. 하늘의 소리를 잘 들어서 사람들에게 알려 주는 사람들이겠지. 보통 사람들이 잘 들을 수 없는 소리를 듣는, 그러니까 세상 이치를 훤하게 아는 사람을 성인이라고 해.

그런 훌륭한 인물들이 예절과 음악 같은 문화로 나라를 세우고, 어짊과 정의 같은 도덕으로 사람들을 가르칠 때 여러 이상한 것들에 대해서는 말하지 않았다고 했어. 이 대목은 공자의 이야기야. 공자는 사람들이 사는 일에 집중하느라 잘 알기 어려운 귀신 등의 이야기는 안 했다는 거야.

그러나 일연 스님의 생각은 달랐어. 실제로 여러 황제와 왕 들이 나라를 세우는 과정을 보니까, 무언가 남들과 다른 표지가 있었던 거야. 하늘에서 그 사람은 특별하다는 신호를 보인 뒤에라야 큰일을 이루어 낸다는 말이야. 중국에서 나라를 세운 사람들이 대개 그랬고, 우리나라도 그러했기 때문에 이런 신기한 이야기를 『삼국유사』의 제일 앞에 싣는다고 했어. 우리도 중국보다 못할 게 없다는 특별한 자부심이 들어 있는 거지.

내 생각은 공자님과 좀 달라!

돌이 신기하면 얼마나 신기하다고

그렇다면 대체 어떤 일이 신비롭고, 또 기록할 만한 가치가 있을까? 먼저 세상에 흔하지 않아서 사람들이 관심을 끌 만한 것이어야 해. 예를 들어 지원이가 등교해서 아침 먹은 이야기를 한다고 생각해 봐. 무언가 보통 때와는 구분되는 색다른 메뉴를 먹었거나, 식사 중에 특별한 일이 있어야 이야기를 하잖아. 바로 그거야. 개가 사람을 물면 이야깃거리가 안 되지만 사람이 개를 물면 이야깃거리가 된다는 말도 있지.

『삼국유사』에 있는 많은 이야기들도 그렇게 특이한 내용들을 담고 있어. 그런데 이야기가 너무 많아서 한 번에 다 보기는 어려우니까 우선 돌이 나오는 이야기에서부터 찾아보기로 하자. 왜 돌이냐고? 돌이야말로 산이나 들에 나가면 흔하게 널려 있는 것이니, 그렇게 흔한 데에서도 특이하고 신비로운 내용들을 찾을 수 있다면 정말 대단한 일일 테니까.

북부여의 왕 해부루는 늙도록 아들이 없었다. 어느 날 산과 하천에 제사를 지내 자신의 뒤를 이어나갈 아들을 구했다. 이때 타고 가던 말이 곤연이라는 연못에 이르러 큰 돌을 마주 보며 눈물을 흘렸다. 왕이 이상하다 생각해서 사람을 시켜 그 돌을 들추어 보게 했다. 그랬더니 거기에 어린아이가 있었는데 생김새가 금빛 개구리 같았다. 「기이1」〈동부여〉

너도 들어 봤겠지만 해모수는 하늘에서 온 하느님의 아들이야. 어떤 데에서는 그냥 하느님이라고도 하는데 그건 그리 중요하지 않아. 어쨌든 하늘의 고귀한 혈통을 타고났다는 뜻이니까. 그 아들인 해부루왕에게 뒤를 이을 아들이 없었다고 하지? 그래서 제사를 지내 아들 낳기를 빌었고. 뭐, 여기까지는 신화에 늘 나오는 평범한 내용이지. 그런데 임금이 타고 가던 말이 갑자기 돌을 보고는 멈춰 섰다는 거야. 게다가 눈물까지 흘리니까 하도 신기해서 그 돌을 파 보게 했더니 금빛 개구리처럼 생긴 아이가 나왔다는 거지. 그래서 이름이 '금와(金蛙)'야. '금 개구리'라는 뜻이지. 돌이 좀 컸다 해도 거기에서 금와왕이 태어나지 않았다면 그렇게 신기할 것은 없어. 하늘에 빌어서 태어난 인물이 있던 자리이기 때문에 신비로운 거야. 하나만 더 볼까?

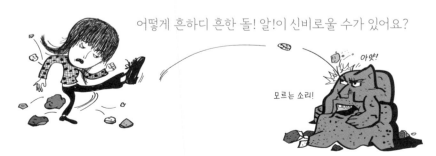

어떻게 흔하디 흔한 돌! 알!이 신비로울 수가 있어요?

아얏!

모르는 소리!

문무왕이 왜병을 진압하려 이 절을 처음으로 지었다. 그러나 끝내 완성하지 못하고 돌아가서 바다의 용이 되었다. 그 아들 신문왕이 왕위에 올라 682년에 공사를 끝마쳤다. 금당의 섬돌 아래 동쪽으로 구멍을 하나 뚫어 두었는데 이것은 용이 절에 들어와 돌아다니게 하기 위한 것이었다. 문무왕이 유언을 남겨 자신의 유골을 간직한 곳이 '대왕암'이며, 그 절은 '감은사'이다.〔기이2」〈만파식적〉)

신라의 문무왕이 절을 지었는데, 그냥 절이 아니라 나라를 지켜 달라는 절이었대. 그때는 일본이 자꾸 신라를 성가시게 굴던 때여서 제발 못된 적들을 물리치게 해 달라고 부처님께 비는 절이었겠지. 그런데 그만 그 절을 완성하지 못하고 죽게 된 건데, 유언을 남겼어. 자신이 죽거든 바다에 묻어서 일본군이 쳐들어오지 못하도록 지키게 해 달라고 말이야. 그 임금이 용이 되었다고 하는데, 그를 장사 지낸 바위가 바로 대왕암이고, 용이 된 임금이 바다 밑에서부터 땅 위로 자유롭게 드나들 수 있게 구멍을 뚫어 두었지. 그런 훌륭한 뜻을 가진 임금과 관련되는 바위니까 신비로운 거야.

이 두 이야기에서는 우선 한 가지만 기억하자. 어떤 물건이 신비로

물론 위대한 인물과 사건이 연결되어야지.

운 인물이나 사건과 연결되면 신성하게 여겨진다는 것!

물에 뜨는 돌, 저절로 따뜻해지는 돌

혹시 실망했니? 대단한 이야기가 나올 줄 알았는데 별로라고? 조금만 기다려 봐. 정말 신기한 이야기도 많으니까.

> 하루는 연오랑이 바다에 나가 바다풀을 따고 있었다. 그때 갑자기 바위 하나가 나타나서 연오랑을 싣고 일본으로 가 버렸다. 그 나라 사람들은 연오랑을 보고 "이분은 보통 사람이 아니시다." 하고 그를 왕으로 삼았다. 『삼국유사』 〈연오랑 세오녀〉

잘 알려진 신라의 〈연오랑 세오녀〉 이야기야. 연오랑은 남편이고 세오녀는 아내인데, 둘은 바다에서 김이나 미역 같은 걸 따며 먹고 살았나 봐. 그런데 바위가 하나 나타나서는 연오랑을 등에 싣고 일본까지 갔다고 해. 일본이 가깝다고는 해도 비행기로 두 시간은 가야 하는 먼 곳인데, 배도 아니고 바위를 타고 갔다니 믿어져? 안 믿어지지. 바위가 아니고 통나무를 타고 갔다면 어땠겠니? 아주 그럴

듯하지는 않지만 조금은 그럴 수도 있겠다 싶은 생각이 들 거야. 나무는 물에 뜨는 물건이니까 바다에 떠서 갈 수는 있겠지. 하지만 돌은 무거워서 물에 가라앉잖아? 그런데 사람처럼 무거운 물체를 싣고 제 마음대로 움직인다니까 신비한 거지. 그렇게 본래의 성질과 다른 내용이 들어갈 때 신비롭게 돼. 하나 더 볼까?

> 또 사비수 언덕에는 돌이 하나 있는데 십여 명이 앉을 만하다. 백제의 왕이 왕흥사에 가서 부처님께 예를 올릴 때 먼저 그 돌에서 부처님을 바라보고 절을 하였는데 그 돌이 저절로 따뜻해졌으므로 그것을 온돌처럼 따뜻한 돌이라는 뜻에서 '돌석'이라고 한다. (「기이2」〈남부여 전백제 북부여〉)

이 돌은 어떠니? 우선 십여 명이 앉을 만하다고 했지. 열 명이 넘는 사람이 편하게 앉으려면 얼마나 넓어야겠니? 지금도 산에 가면 넓은 바위가 있어서 '너럭바위'라고들 부르지. 하지만 그런 바위는 흔한 게 아니야. 돌은 깨지기 쉬워서 여간해선 그렇게 큰 바위를 보기가 어려워. 요즘도 산에 가 보면 어른들이 큰 돌 앞에서 두 손을 모아 비는 모습을 볼 수 있지. 그러니 이 돌은 그렇게 큰 것만으로도 평범하진 않

아. 더 신기한 것은 이 돌이 저절로 따뜻해진다는 거야. 온돌은 방 밑에 불을 때니까 따뜻해지는 건데 차가운 돌이 저절로 따뜻해지다니 신비롭지 않니? 돌은 본래 차가운 성질이 있는데, 그 본래의 성질과 180도 다른 거지.

이런 식으로 찾아 나가면 아주 많은 신기한 돌들을 만날 수 있어. 『삼국유사』는 스님이 쓴 책이어서 특히 불교와 관계된 돌들이 많지. 가령, 땅 밑에서 돌이 나왔는데 그 돌이 부처님 모양이라거나, 절에 매다는 돌종이었다는 식이지. 또 부처님이 설법을 할 때 앉던 자리 같다는 식으로 불교와 관련된 것이 많아.

만약 기독교를 믿는 친구가 강가에서 조약돌을 보다가 눈에 띄는 것을 발견했다고 해 봐. 신기하게도 십자가 모양이라면 그것을 하느님이 내려 준 소중한 물건으로 잘 간직하겠지. 나도 여행하면서 어떤 여행자에게 선물을 받은 게 있는데, 글쎄 하트 모양인 거야. 그 사람은 강가를 다니다가 그런 돌 모양이 있으면 꼭 주워 두었다가 누군가와 헤어질 때 선물로 준다고 해. 자기의 마음을 전하는 거지.

돌이 참 쓸모가 많네!

아~따뜻해.

천마가 무릎을 꿇다

돌이란 아주 흔한 물건이야. 너나 나처럼 아스팔트로 뒤덮인 도시 생활을 하지 않는다면 집 밖을 나가면 발에 채는 것이 다 돌일 거야. 그런데 위의 이야기를 보니까 어때? 어떤 돌은 평범한 돌이지만 특별한 사람이나 특별한 일과 연결되어 신비롭게 되기도 하고, 또 어떤 돌은 일반적인 돌과는 다른 특성을 보임으로써 저절로 보통 돌과는 구분되어 버리지. 『삼국유사』의 이야기를 잘 찾아보면 그런 내용들이 많아. 이제 그런 내용을 잘 생각하면서 이야기 한 편을 처음부터 끝까지 제대로 보자. 이미 학교에서 배워서 잘 알고 있을 신라를 세운 〈박혁거세〉 이야기야.

기원전 69년 3월 초하루였다. 여섯 부의 조상들이 그 자제들을 거느리고 알천의 남쪽 언덕 위에 모여 의논했다.

"우리들은 위로 백성을 다스릴 임금이 없기 때문에 백성들이 모두 제멋대로 하고 있소. 그러니 덕이 있는 분을 찾아 임금으로 모셔 나라를 세우고 도읍을 정하는 게 어떻겠소?"

그러고는 높은 곳으로 올라가 남쪽을 바라보았더니 양산 아래

근데 뛰어난 이야기꾼이라면
뭔가 더 생각하지 않을까?

나정이라는 우물 옆에 번갯불 같은 신기한 기운이 땅에 드리워졌다. 그런데 거기에 백마 한 마리가 꿇어앉아 절을 하는 것이었다. 사람들이 그곳으로 찾아가 보니 자주색 알이 하나 놓여 있었고, 말은 사람들을 보더니 길게 울고는 하늘로 올라가 버렸다. 그 알을 깨뜨려 거기에서 사내아이를 얻었는데 외모와 동작이 단정하고 아름다웠다. 사람들은 놀라고 이상히 여겨 동천이라는 샘에서 목욕을 시키니 몸에서 빛이 나고 새와 짐승 들이 춤을 추며 천지가 진동하고 해와 달이 맑고 밝아졌다. 그래서 '혁거세왕'이라고 이름을 붙이고 왕위의 이름을 '거슬한(혹은 '거서간')'이라고 하였다. 「기이1」〈신라시조 혁거세왕〉

기원전 69년은 혁거세왕이 태어난 해이겠는데, 문제는 그 날짜야. '어느 날'이라고 하든지, '봄날'이라고 할 수도 있는데 군이 '3월 초하루'라고 밝히고 있어. 물론 양력이 아니고 음력일 테니까, 양력으로는 3월 말, 4월 초 무렵일 거야. 4월 5일이 식목일인 걸 감안하면 나무 심기 좋은 때이고, 풀이 돋아나고 나무들의 새순이 올라오는 때이기도 하지. 온 자연이 새롭게 시작하는 때, 그러니까 새로운 인물이 나기에도 좋을 때고 말이야.

주인공만 있으면 재.미.없.어.

여기 모인 사람들도 특별히 새로운 인물을 모셔 오기 좋은 날을 택한 것이라 할 수 있어. 지금도 무슨 기념식을 하거나 추모 행사가 있을 때는 특별한 날짜에 하잖아? 사람 또한 자연의 일부여서 자연이 새롭게 생명을 얻기 시작하는 때에 하늘에 기원을 하여 뜻하는 인물을 얻는 거라고 볼 수 있겠구나.

이렇게 보면 그 뒤에 쭉 이어지는 신비로운 일들을 이해할 수 있어. 산 아래 '우물'을 주목해 보자. 예로부터 높은 산은 하늘에 가깝기 때문에 신령스럽게 여겨지곤 했지. 내가 인도에 갔을 때 놀란 것은 갠지스 강물에 사람들이 목욕하는 장면이었어. 너무 더러운 물이었는데 사람들이 왜 그 물에 몸을 씻으면서 새롭게 태어난다고 믿고 있는지 궁금했거든.

그런데 그 물이 처음 시작하는 곳이 바로 히말라야라는 거야. 너도 알지? 세상에서 가장 높다는 그 히말라야. 세상에서 가장 높은 곳, 하늘에서 가장 가까운 곳에서 시작한 물이 흘러 강이 되었다면 그 강은 하늘의 기운을 받은 신령한 물이 되는 거지.

『삼국유사』에도 공식처럼 산과 물이 한 짝으로 나오는데, 산이 높은 하늘이라면 물은 땅에서도 가장 낮은 땅 중의 땅이야. 위 이야기에서도 산 아래 우물 '나정'을 하늘과 땅이 만나는 곳으로 표현하고

'신비' 요리에 '디테일' 양념을 쳐 볼까….
삼월 초하루가 좋겠어….

있는 셈이야.

그뿐이 아니야. 그렇게 신비로운 장소에 하늘에서 무슨 빛이 한 줄기 내려온다고 했어. 번갯불 같은 신기한 기운이라고 하니 상상이 잘 안 가겠지만, 그 밝은 빛이 도대체 어디서 나왔겠니? 저 하늘 높은 데 어디일 테니, 그 기운으로 무언가 태어날 것을 예고하고 있어. 다음에 백마가 나오지. 말 중에서도 흰 빛깔의 말은 왠지 신성한 느낌이 들지. 흔하지도 않고 또 깨끗해 보이니까. 그런데 그 말이 무릎을 꿇었다고 했어. 말은 특이하게도 서서 사는 동물이야. 심지어는 잘 때조차도 서서 자는 게 일반적이거든. 무릎을 구부린다는 것은 아주 예외적인 일이 되지. 또, 무릎을 꿇는다는 것은 나보다 높은 존재에 대해 복종한다는 뜻이 되니까, 바로 그 앞에 대단한 존재가 있다는 특별한 표시야. 게다가 나중에는 하늘로 올라간다고 했지. 이렇게 하늘과 땅을 오갈 수 있는 말을 하늘 천(天) 자를 써서 '천마'라고 해. 보통 말들은 땅의 이곳에서 저곳으로 옮겨 다니지만 이 말은 하늘과 땅 사이를 오가는 특별한 말이라는 뜻이야.

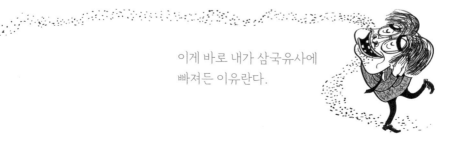

이게 바로 내가 삼국유사에
빠져든 이유란다.

자체발광 박혁거세

그 다음으로는 알이 나오지. 그런데 알의 색깔이 뭐라 했니? 알은 대체로 희거나, 달걀빛이거나, 알록달록한 것이 일반적이야. 그러니까 자주색 알은 특별하고 신비로워. 그런 신비로운 알에서 또 신비로운 인물이 태어나고 말이야. 사람이라면 누구나 어머니의 몸을 통해 나오는데, 혁거세는 알로 태어났어. 또 누구나 한 번 태어나는데, 혁거세는 알로 한 번 났다가 그 알을 깨고 다시 사람으로 나오는 방식으로 두 번 태어나고 있어. 그뿐 아니라 동천에 씻겼더니 빛이 났다고 했지. 지금도 잘생긴 연예인들을 보면 '자체발광' 한다고 하지? 얼마나 멋있는지 스스로 빛이 나는 것 같다는 뜻이겠지. 혁거세는 아예 빛을 냈다고 하니, 그것으로 하늘에서 내려 준 사람이라는 증거가 되는 거야. 그렇게 대단한 인물이 태어나니, 날짐승 들짐승 들이 신이 나서 축하하고 해와 달이 맑아지고 밝아지는 기적이 일어났다고 했어. 그래서 이름이 '혁거세'야. '혁(赫)'은 한자로 '빛난다, 밝다'의 뜻이란다.

신비롭다는 것은 바로 그런 거야. 우선 우리 주변에 흔하지 않은 것이어서 사람들의 관심을 끌지. 그러나 그것만으로는 부족해. 흔하지

이번엔 자주색 알?!

않으면서도 고귀한 것에 닿아 있어야 하는 거야. 『삼국유사』에서는 대개 하늘과 연관되어 있는 것으로 설명이 되고 있어. 생각해 보렴. 인간은 아무리 애를 써도 땅을 밟고 사는 존재야. 그러니까 우리들이 갈 수 없는 아득히 먼 곳인 하늘에 연결된 어떤 것에서 그런 신성한 힘이 가장 크게 느껴졌던 거야.

그래서 어떤 존재는 아예 하늘에서 내려왔고, 또 그런 존재가 머물렀거나 관계된 곳은 신비롭게 여겨졌어. 그리고 그런 신비로움의 표지가 참으로 다양하게 나타났지. 어떤 경우는 몸에서 저절로 빛이 나오기도 하고, 또 물에 뜨는 돌처럼 본래의 성격과 완전히 상반되기도 했어. 그러나 그런 신비로움이 그저 희한한 경험쯤으로만 생각된다면 그저 기이한 것이기만 할 뿐 그렇게 유난스럽게 찾아 나설 필요가 없겠지. 박혁거세의 이야기에서 보듯이 그런 힘을 인정하여 신비한 존재를 받들게 되면 결국 그 주변의 사람들과 그가 관계하는 나라와 세상이 다 그렇게 신비롭게 되는 거란다.

알고 보면 세상엔 신비로운 것들 천지란다.

『삼국유사』는 어떤 구성으로 되어 있나?

『삼국유사』는 3국 왕의 계보와 통치 기간 등을 간단하게 정리해 놓은 왕력(王曆)과, 여러 편의 이야기들을 내용별로 묶어 놓은 아홉 편으로 구성되어 있습니다. 아홉 편은 기이(紀異)1, 기이2, 흥법(興法), 탑상(塔像), 의해(義解), 신주(神呪), 감통(感通), 피은(避隱), 효선(孝善)의 순서입니다.

「기이」편은 우리의 건국 신화와 특별한 행적을 남긴 왕, 김유신 등의 역사 영웅 이야기들을 담아냈습니다. 특히 우리의 옛이야기가 중국 못지않은 독자성을 지녔다는 시각이 돋보입니다.

「흥법」편은 불법을 일으킨 인물들의 이야기들이고, 「탑상」편은 탑과 불상과 관련한 이야기들입니다. 저자 일연이 승려이기 때문에 아무래도 불교문화적인 관점이 많이 스며들어 있다고 할 수 있습니다.

「의해」, 「신주」 등도 불교 관련 이야기들입니다. 「의해」편은 불교의 어려운 내용들을 풀이해 준 고승들의 이야기가 주로 나옵니다. 원광, 의상, 원효, 자장, 사복 등등의 이야기를 통해 어렵기만한 불교 이치가 재미있는 설화에 잘 녹아들어 있습니다. 「신주」편은 혜통 이야기처럼 밀교라는 불교의 특별한 갈래에서 나온 이야기들을 담고 있어서 병마를 몰아내거나 나라를 지키기 위해서 신통력을 쓰는 이야기들이 나옵니다.

「감통」, 「피은」 편도 물론 불교 이야기가 주축이기는 하지만, 그 핵심은 「감통」 편이 지성을 다하여 하늘, 부처님, 사람이 서로 소통하는 내용이라면, 「피은」 편은 속세를 피해 살면서 특별한 업적을 이룬 사람들의 이야기입니다. 그래서 스님이 아닌 인물들의 이야기도 담겨 있습니다.

「효선」 편은 효행담을 담고 있습니다만, 효도를 통해 이루는 선행이 불교적인 데로 나가는 점이 특이합니다.

둘째 놀이. 하늘과 땅의 결혼

하늘에서 내려오고

앞에서 신비한 것들이 하늘과 관련된 게 많다고 했지? 『삼국유사』 아홉 편 가운데 「기이」라고 이름을 붙인 편이 둘이나 돼. 그만큼 많고 또 중요하다는 것이니까, 우리도 이 신비한 것들에 대해 조금 더 살피기로 하자. 그런데 앞서 말했듯이 사람이 도달하고 싶은 곳이 하늘이기는 해도, 사람이 발을 붙이고 살아가는 곳은 땅이거든. 그래서 어떻게든 하늘과 땅이 만나는 게 중요하지. '하늘과 땅의 결혼'은 바로 그런 만남을 말해. 서로 다른 남자와 여자가 만나 결혼하여 새 가정을 이루고 2세를 낳듯이, 하늘과 땅도 그렇게 서로 다른 것들이

어떡해!

오호~ 로맨스의 시작인가요!!

어우러지면서 새로운 세상과 사람을 만들어 내지.

어떻게 그러냐고? 『삼국유사』의 작품을 한 편 읽어 보며 찬찬히 생각해 보자.

옛날 환인의 서자 환웅이 있었다. 그는 자주 하늘 아래에 뜻을 두어 인간 세상에 욕심을 냈다. 아버지가 아들의 뜻을 알고 삼위 태백을 내려다보니 사람들이 사는 세상을 널리 이롭게 할 만했다. 그래서 하늘의 권능을 보증하는 천부인 세 개를 주어 다스리게 하였다.

환웅이 삼 천 명을 거느리고 태백산 꼭대기 신에게 제사 지내는 신단이 있는 나무 아래로 내려와 여기를 '신시'라고 하였는데, 이분이 바로 '환웅 천왕'이시다. 그는 풍백, 우사, 운사를 거느리고 곡식, 수명, 질병, 형벌, 선악 등 인간의 3백 6십여 가지 일을 주관하여 인간 세계를 다스렸다.

이때에 곰 한 마리와 호랑이 한 마리가 함께 동굴에 살았는데, 항상 환웅께 사람이 되게 해 달라고 빌었다. 환웅이 신통하고 영험한 쑥 한 줌과 마늘 스무 개를 주면서 말했다.

"너희들이 이것을 먹고 백 일 동안 햇빛을 보지 않으면 곧 사

로맨스 그 이상이지…

람이 될 것이다."

곰과 호랑이는 이것을 받아먹고 삼칠일 동안 몸가짐을 조심하는 기간에 들게 되었다. 그러나 곰은 여자의 몸으로 변했지만 호랑이는 조심하지 못한 탓에 사람이 되지 못했다. 웅녀는 결혼해서 함께 살 사람이 없으므로 매일 신단 나무 아래서 아기 갖기를 빌었다.

환웅이 잠깐 사람으로 변신하여 웅녀와 혼인했는데 곧 아이가 들어서 아들을 낳았다. 아기의 이름은 '단군왕검'이라고 한다. 중국의 요임금이 즉위한 지 오십 년 되던 경인년, 단군은 평양에 도읍을 정하고 비로소 '조선'이라고 불렀다. 또 도읍을 백악산 아사달로 옮겼는데 궁홀산, 또는 금미달이라고도 한다.

그는 1천 5백 년 동안이나 여기서 나라를 다스렸다. 중국 주나라 무왕이 즉위한 기묘년에 기자를 시켜 조선을 다스리도록 하자 단군은 장당경으로 옮겼다가 나중에 아사달에 숨어서 산신이 되었으니, 이때의 연세가 1,908세이셨다.「기이1」〈고조선〉

다 아는 이야기라고? 그래. 우리 모두가 다 아는 단군 신화로구나. 이 이야기는 다른 데에도 있지만 일연 스님이 고려 시대에 정리한

『삼국유사』에 있는 것이 가장 오래된 기록이야. 구전되어 전해져 온 신화를 가장 먼저 수록한 것이란다. 자, 이제 이 이야기를 '하늘과 땅의 결혼'으로 풀어가 보자.

맨 먼저 하늘나라에 환인이 있었어. 환인은 하늘나라에서 제일 높은 사람, 곧 하느님이야. 그런 하느님에게 아들이 있었다고 하는데 '서자'라고 했지. 요즘 쓰는 서자는 정식으로 결혼한 처가 낳은 자식이 아닌, 첩이 낳은 자식을 뜻하지만, 이 이야기에서는 큰아들이 아닌 둘째, 셋째… 등등의 아들을 뜻해. 첫째 아들이 하늘나라를 지킨다고 생각하면, 다른 아들은 하늘나라가 아닌 다른 곳에 관심을 갖는 정도로 생각하면 좋아.

어쨌거나 환인의 아들 환웅은 천하, 곧 지상 세계를 다스려 보았으면 하는 꿈을 꾸고 그 꿈을 이루기 위해 땅으로 내려오게 되거든. 말 그대로 하늘에서 땅으로 내려오는 건데, 그냥 내려와서는 안 되겠지. 하늘의 권능을 인정받은 존재라는 것을 드러내기 위해서 천부인이라는 특별한 물건도 갖추고, 또 자신을 보필할 세 명의 부하들과 하늘나라 사람 삼 천 명과 함께 내려온 거야.

그런데, 여기에서 신기하게도 걸핏하면 3이라는 숫자가 등장해. 풍백, 우사, 운사라는 바람신, 비신, 구름신도 셋이고, 천부인도 셋이고,

축! 하늘과 땅을 잇는 단군 탄생!

33

내려오는 곳도 '삼'위 태백이고, 하필이면 '3'천 명이고 말이지.

우연의 일치인 듯 보이겠지만, 신화에서는 아주 흔한 일이야. 하늘과 땅, 그리고 그 사이에 있는 사람, 이렇게 셋이라는 표시이니까. 무언가 아주 다른 둘이 만나 그 둘 사이에 새로운 하나가 태어나는 것, 그것이 바로 1, 2, 3이고 그 마지막의 3은 신비한 숫자가 되는 거라고 생각해도 돼. 또 환웅이 함께 내려온 사람들과 함께 3백 6십여 가지 일을 했다고 했지. 이 숫자는 일 년을 뜻하므로 일 년 내내, 완전히 세상을 다스린다는 의미이겠지. 그러니까 이런 이야기에서 나오는 숫자는 그냥 허투루 볼 게 아니고 다 깊은 의미가 있다고 보면 좋아.

땅 밑에서 올라오고

하늘에서 하늘나라 사람이 땅으로 내려오는 이야기가 진행되고는, 이번에는 땅 밑 동굴에 사는 동물 이야기가 나와. 곰과 호랑이 말이야. 곰과 호랑이는 삼칠일, 이 말은 3×7=21이니까 숫자로는 21일을 뜻하지. 그 기간 동안 몸가짐을 조심하고 잘 지내면 사람이 된다는 약속을 받았는데 그만 호랑이는 참지 못했고 곰만 사람이 되었어.

곰이 웅녀로 변하는 과정은, 환웅이 땅으로 내려올 때와 비슷하단

다. 환웅은 하늘나라 사람, 곧 신인데 지상 세계를 꿈꾸면서 아래로 내려오잖아. 곰은 땅 밑 동굴에 사는 동물인데 땅 위에 사는 사람이 되기를 꿈꾸지. 환웅이 잠깐 사람의 몸으로 변한 것처럼 곰 역시 사람의 몸으로 변해서 둘이 관계를 맺게 되지. 한쪽은 하늘에서 내려와서 신에서 인간이 되었고, 다른 한쪽은 땅 밑에서 올라와서 동물에서 인간이 되었어. 그렇게 중간 지대에서 인간으로 만나게 된 거야.

이 과정은 앞에서 태백산 꼭대기로 환웅이 내려왔다는 것을 생각해 보면 쉽게 이해가 될 거야. 산의 가장 높은 곳은 땅바닥에서 가장 멀리 떨어져 있잖아. 그러니까 태백산 꼭대기는 바로, 땅으로 보아서는 가장 높은 곳이고 하늘로 보아서는 가장 낮은 곳인 하늘과 땅이 만나는 지점인 거야. 하늘의 끝이고 땅의 시작이며, 땅의 끝이고 하늘의 시작인 지점이지.

이런 곳을 신화에서는 '옴팔로스'라고 해. 세상의 배꼽이라는 뜻인데, 배꼽이 무슨 표시인지는 잘 알잖아. 어머니와 자식이 탯줄로 연결되어 있던 자리가 아니겠어? 그렇게 어머니와 내가 이어진 표시인 것처럼 하늘과 땅이 이어진 표시인 거야. 단군 신화는 그렇게 계속 하늘과 땅이 만나는 부분을 강조하지. 그러다가 위에서 아래로 내려온 누군가와 아래에서 위로 올라간 누군가가 만나 새로운 인물 단군을 탄생시키는 거야.

영웅의 탄생

어때? 성스러운 느낌이 들지? 이런 결혼을 '신성혼'이라고 하는데, 우리나라 신화뿐만 아니라 전 세계 신화에서 자주 나온단다. 하늘의 신과 땅의 사람이 만나 영웅을 탄생시키고 그 영웅이 세상을 다스리는 줄거리 말이야.

그리스 신화에서 제일 먼저 떠오르는 영웅을 생각해 보자. 누가 뭐래도 헤라클레스겠지. 그의 아버지는 신 중의 신 제우스이잖아. 제우스는 벼락을 치는 신이었으니 하늘의 신인 것은 당연하고. 그런 제우스와 인간 알크메네 사이에서 태어난 존재가 바로 헤라클레스야. 그러니까 헤라클레스는 반은 신이고 반은 인간인 특별한 존재이지. 단군도 그와 비슷해.

얼핏 생각하면 신과 신 사이에서 태어나는 존재가 대단할 것 같지만, 신화에서는 신과 인간, 인간과 동물 사이에서 태어나 양쪽의 힘을 모두 가진 존재가 더욱 특별하게 취급되지. 좀 불안한 모습이 있기는 하지만, 이럴 때는 이쪽 힘을, 저럴 때는 저쪽 힘을 쓰면서 훨씬 더 자

하늘과 땅의 힘을 모두 가진 영웅이 탄생한 거네요.

유롭게 될 테니까.

내친 김에 이야기 한 편을 더 보자.

시조 동명성제의 성은 '고'이고 이름은 '주몽'이다. 먼저 북부여의 왕 해부루가 이미 동부여로 피해 가고 부루가 죽자 금와가 그 뒤를 이어 왕이 되었다. 이때 금와는 태백산 남쪽 우발수에서 한 여자를 만나서 누군가 물었다. 그러자 그 여자가 대답했다.

"저는 하백의 딸로서 이름은 유화라고 합니다. 여러 동생들과 함께 물 밖에 나와 노는데 웬 남자가 와서는 자기가 천제의 아들 해모수라고 했습니다. 그는 저를 웅신산 밑 압록강 가의 집 속으로 유혹해 들어가서는 몰래 정을 통하고 가더니 돌아오지 않았습니다. 부모님께서는 제가 중매도 없이 혼인한 것을 꾸짖어 드디어 여기로 귀양 보낸 것입니다."

금와는 이상히 여겨 그녀를 방 속에 가두었다. 그랬더니 햇빛이 방 속으로 비쳐서 그녀가 몸을 피하는 대로 따라와 비추었다. 이 때문에 아이가 들어서 알 하나를 낳았는데 크기가 닷 되들이 정도였다. 왕은 그것을 버려 개와 돼지에게 주었지만 모두 먹지 않았다. 또 길에 버려도 소나 말이 피하였으며, 들에 버리자 새와 짐

그래서 불안할 때도 있어.

승이 덮어 보호했다. 깨뜨리려 해도 깨뜨릴 수 없었다. 그러자 그것을 다시 어미에게 돌려주었다. 그녀가 그것을 싸서 따뜻한 곳에 두었더니 한 아이가 껍질을 깨고 나왔는데 골격이며 외모가 영특하고 기이했다. 나이 겨우 일곱에 기골이 특출 나서 여느 사람들과 달랐다. 그가 스스로 활과 화살을 만들어 쏘면 백발백중이었다. 나라 풍속에 활 잘 쏘는 사람을 '주몽'이라 했으므로 그를 주몽이라고 불렀다.「기이1」〈고구려〉

주몽이 고구려를 세워 첫 임금이 되고, '동명왕'이라고 했어. 여기에서는 동명성제라고 해서 성스러운 제왕인 것을 강조하고 있지.

주몽이 태어날 때의 이야기를 보면 단군 신화와 크게 다르지 않아. 단군 신화에서는 하늘을 다스리는 환인이 등장하는데 여기에서는 해모수가 등장하지.

그런데 해모수는 천제의 아들이라고 했어. 천제는 하늘을 다스리는 제왕이라는 뜻이니까 그냥 하느님이라고 보면 되거든. 단군 신화에서는 하느님의 아들 환웅이 땅으로 내려왔는데, 여기에서는 해모수가 내려왔다는 점이 다를 뿐이지.

하느님은 왜 아들을 내려보냈을까?

자, 해모수나 환웅이 모두 하느님의 아들이라는 것을 알았겠지. 이 쯤에서 너는 궁금할 거야. 하느님이 왜 직접 내려오질 않고 아들을 보 내느냐는 거지. 아마도 아버지가 아들보다 힘이 더 셀 텐데 하는 아쉬 움이 있어서 그럴 것 같은데 곰곰 생각해 보면 꼭 그렇지만도 않단다. 너도 나중에 결혼하여 아이를 낳아 보면 알겠지만, 누구에게나 가장 소중한 것은 자식이야. 억만금을 준다 해도, 아니 자기 목숨을 건다 해도 포기할 수 없는 게 자식이지. 그러니까 세상에서 가장 힘이 센 존재, 가장 고귀한 존재라 하더라도 자기보다 더 힘이 세고 고귀한 것 을 바치라고 한다면 자식을 바치게 되어 있어. 성경에서도 아브라함 이 백 살에 낳은 자식이 이삭인데 그 귀한 자식을 하나님께 바치려고 하잖아?

그러니까 하느님도 하늘에서 가장 귀한 자기 아들을 내려보내서 무언가를 꾸미고 있는 걸로 보면 돼. 이렇게 귀한 인물인 해모수가 내 려와서 누구를 만났니? 그래, 유화야. 유화는 물을 다스리는 신인 하 백의 딸이지. 유화 역시 귀한 존재라는 것을 드러내고 있어. 웅녀가 땅 밑 동굴에서 나왔다면 유화는 물 밑 수궁에서 나온 점만 좀 다르

하느님이 직접 내려오면 좋을 텐데.
부탁할 게 있거든요.

지. 물도 땅에 속한 것이고 보면, 해모수가 유화를 만나는 과정 역시 단군 신화에서 그랬듯이 하늘과 땅이 만나는 과정으로 보면 돼. 아버지는 하늘-신의 아들이고 어머니는 물-신의 딸이니 그 자부심이 얼마나 대단하겠어? 자부심만이 아니라, 힘도 대단하겠지. 그런데 말이야, 주몽은 바로 그 대단함 때문에 문제가 생기고 말아.

금와에게는 아들이 일곱 있었는데 늘 주몽과 함께 놀곤 했다. 그러나 기량에 있어서는 주몽에 미치지 못했다. 맏아들 대소는 왕에게 고했다.

"주몽은 사람에게서 낳은 인물이 아닙니다. 만약 일찍 손을 쓰지 않는다면 나중에 걱정거리가 될까 두렵습니다."

하지만 왕은 듣지 않고 주몽더러 말을 기르도록 했다. 주몽은 준마를 알아보고는 먹이를 줄여서 마르게 했고, 둔한 말은 잘 먹여서 살찌게 했다. 그러자 왕은 살찐 말은 자기가 타고 마른 말은 주몽에게 주었다. 왕의 아들들과 신하들이 주몽을 해치려 계획했다. 주몽의 어머니는 이 일을 알고 주몽에게 일러 주었다.

"나라 사람들이 너를 해치려 드는구나. 네 재주와 지략이라면 어디에 간들 못 살겠느냐. 어서 빨리 떠나도록 해라."

대신 가장 소중한
자식을 보내셨지.

그래서 주몽은 오이 등 세 사람을 벗 삼아 떠났는데, 엄수에 이르러 물에 대고 이렇게 말했다.

"나는 하느님의 자손이며 하백의 손자이다. 지금 달아나는데 뒤쫓는 사람들이 거의 따라붙었다. 어찌해야 좋을 것인가?"

그렇게 말을 마치자 물고기와 자라가 다리를 만들어 주었다. 주몽 일행이 다 건너자 물고기들이 흩어져서 뒤쫓던 기마병들은 건널 수 없었다.

주몽은 졸본주에 이르러 도읍을 정했다. 그러나 미처 궁궐을 지을 겨를이 없어서 비류수 위에 집을 짓고 살면서 국호를 '고구려'라 하고, '고'로 성씨를 삼았다. 이때 그의 나이는 열두 살로, 중국 한나라 효원 황제 시절인 건소 2년 갑신년(기원전 38년)에 왕위에 올라 '왕'이라 칭했다. 고구려의 전성기에는 21만 5백 8가구나 되었다.(「기이1」〈고구려〉)

금와왕의 아들이 무어라고 말했니? 주몽은 사람에게서 태어난 인물이 아니라고 하잖아. 사람이 낳은 보통 사람이 아니라는 말이야. 실제로 그랬지. 아버지도 어머니도 특별한 사람이었을 뿐만 아니라 알로 태어났잖아. 알로 태어났다는 것은 알에서 다시 사람으로 깨치는

주몽 역사상 최연소 건국왕!!

42

과정을 거치니까, 주몽은 두 번 태어났다는 뜻이 되기도 해. 누구에게
나 생일은 한 번뿐이지만, 그렇게 알로 태어나는 한 번과 알에서 껍질
을 깨고 다시 태어나는 한 번이 있다면 어떻겠니? 그런 걸 '거듭난다'
고 하지. 지금도 어떤 종교를 믿기 시작해서 삶이 바뀌거나 하면 거듭
났다고 말하잖아. 바로 그거야. 주몽은 애초에 사람과 사람 사이에 태
어난 보통 사람이 아닌 데다 두 번에 걸쳐 태어나는 특별한 삶을 살아
가는 인물이란 말이야. 다른 사람보다 못하기는커녕 천배 만 배 더 뛰
어난 거지. 그런데 어떻게 되었지? 그 덕분에 남들에게 인정을 받기
는커녕 오히려 배척받고 말았어.

　『미운 오리 새끼』에서도 백조 새끼가 오리 새끼들 틈바구니에서
이상하게 생겼다고 괄시를 받지만 끝내 자신이 백조인 것을 알고 오
리들 사이에서 우뚝 서게 되잖아. 영웅들은 그렇게 영웅만이 가진 특
별한 능력 때문에 도리어 버림받는 일이 일어나곤 하지. 어렸을 때 버
려져서 죽을 뻔했던 주몽은 다시 목숨을 잃을 처지에 놓이게 된 거야.

　그런데 주몽은 쉽게 도망칠 수가 없었어. 어머니를 혼자 두고 떠날
수 없었던 거지. 자기는 그냥 떠나면 되겠지만 어머니는 아들 때문에
더욱 곤란해질 수가 있으니까 말이야. 바로 이때 어머니 유화가 나서
게 되는데, 이 대목이 중요해. 떠나지 않으려는 자식을 단호히 떠나보

멋져! 열두 살에 고구려를 건국하고 왕이 되었잖아.

43

내는 거지. 큰일을 하러 가야 하는데 멈칫대면 안 되는 법이거든. 그래서 좋은 말을 골라서 준비를 마치고 떠날 수 있도록 독려하지. 네 능력이라면 어디 간들 못 살겠느냐고 용기를 북돋아 주면서.

내가 누구인지 아는 것

자, 주몽이 그렇게 어머니께 힘을 받아 용기 있게 떠났지만 커다란 난관에 부딪히고 말아. 적들이 뒤쫓아 오는데 눈앞에 건널 수 없는 큰 강이 있었던 거야. 이때 주몽이 외치는 소리가 무엇이니? 우리 같으면 하늘에 대고 "살려 주세요."라고 하며 간절하게 빌 것 같지? 아니면 뒤돌아서서 비록 질 것이 뻔하더라도 한바탕 결전을 치를 수도 있겠고. 그러나 주몽은 달랐어. 딱 한마디, "나는 하늘 신의 자손이고 물 신의 자손이다!"라는 선언만 있었던 거야. 그래, 그것이면 족해. 내가 누구인지 아는 것, 내가 어디에서 시작되었는지 아는 것! 그것만 있으면 내 능력이 어느 정도인지 알고, 그로써 모든 문제가 해결되는 것이지. 하늘과 물이 맺어져서 태어난 인물이 자신인 것을 선언했으니, 이제 그 하늘과 물이 나서서 자신을 구해 주는 게 당연한 순서이겠지.

나도 특별한 우리 부모님의 자식인데
그냥 있을 순 없죠!

지원아, 이처럼 어려운 문제일수록 그 해결책은 아주 간단한 데 있기도 해. 가장 쉬운 것 같으면서도 가장 어려운 일, 내가 누구인지 아는 것! 지원이도 어려운 문제를 만날 때면 찬찬히 생각해 보렴.

내 연구실 한편에는 아버지, 어머니와 함께 찍은 사진이 세워져 있단다. 대학원 졸업할 때 사진관에서 찍은 사진이야. 나는 졸업 가운을 입고 가운데 있고, 나의 왼편에는 아버지께서 오른편에는 어머니께서 서 계시지. 내가 그 두 분 사이에서 태어났다는 사실을 깨닫는 것만으로도 무한한 힘이 솟곤 해. 가령, 어쩔 수 없이 해야 할 것 같은 일인데 썩 합당하게 여겨지지 않는 경우, 그럴 때는 언제나 당신께서 옳게 여기는 길만을 걸으셨던 아버지를 생각하고, 한 번 결정하면 끝까지 밀어붙이시는 어머니를 생각하는 거야. 주몽이 그랬던 것처럼 나도 어려운 순간이 오면 이렇게 외쳐.

"내가 이 아무개와 한 아무개의 자식인데 여기서 멈출 순 없지!"

너 또한 그런 순간이 오길 바라. 내가 아는 지원이의 아버지, 어머니 또한 너에게 무한한 힘을 심어 주는 하늘이고 또 땅이니까. 너는 믿고 그렇게 소리치면 된단다.

"나는 아버지 현 아무개와 어머니 이 아무개의 딸이다!"

또 다른 영웅의 탄생이로구나!

우리나라 건국 신화들은 어떻게 연결되나?

역사가 기록되기 이전의 일들은 쉽게 알아내기 어렵습니다. 유적 연구 등에 의한 고고학적 방법이 있겠지만, 그보다 더 좋은 방법은 신화를 통한 것이지요. 오래된 신화는 역사적인 일들을 압축해 놓기 마련이기 때문입니다. 나라를 세운 사람들의 영웅적인 업적을 담아 놓은 '건국 신화'가 바로 그러한 역할을 합니다.

『삼국유사』에는 고조선, 북부여, 동부여, 백제, 신라의 여러 건국 신화들이 망라되어 있어서, 역사 기록 이전의 일들을 알아내기 쉽게 되어 있습니다. 특히 각 신화들이 밀접히 연결되도록 꾸며져 있어서, 우리가 한 민족이라는 의식을 엿볼 수 있지요. 최근 중국이 소위 '동북 공정'이라는 작업을 통해 우리나라 신화를 중국 신화 쪽에 편입시키려고 애를 쓰는 이유도 자신들의 세력을 키우는 데 유리한 발판을 마련하려는 것이지요.

『삼국유사』에 맨 처음 나오는 신화는 고조선 건국 신화입니다.

여기에서는 환인-환웅-단군에 이르는 3대의 이야기가 나옵니다. 또 북부여에서 동부여로 이어지는 신화도 나오는데, 여기에서는 해모수-해부루-금와의 이야기가 주축이 됩니다. 또 고구려 건국 신화에서는 해모수의 아들인 주몽을 중심에 세우고 그 아들 유리로 이어 나가서 해모수-주몽-유리의 3대 이야기가 되며, 주몽이 부여를 떠나 비류국으로 가서 고구려를 세우는 과정을 그려 놓습니다.

그런데 『삼국유사』를 쓴 일연 스님께서는 고구려 건국 신화의 주석에서, 『단군기』라는 책에는 단군이 아들을 낳았는데 그 이름을 '부루'라고 했다는 기록이 있다고 밝혀 두었습니다. 해부루와 주몽을 이복형제로 본 것이지요. 이렇게 되면 고조선-북부여-동부여-고구려가 하나의 계보로 엮이는데, 백제 신화는 주몽의 또 다른 아들 온조가 나라를 세우는 이야기입니다. 고조선, 북부여, 동부여, 고구려, 백제가 한 핏줄인 것이 강조되는 것입니다. 나아가 신라의 건국 신화인 박혁거세 신화 역시 주인공이 잉태될 때 하늘에서 빛이 내려온다거나 알에서 탄생하는 모습 등이 유사하여 서로 얽혀 있음을 알 수 있습니다.

셋째 놀이. 수수께끼를 풀어라

궁금해 미치겠지? 그렇다면 풀어 봐!

이야기를 잘하는 사람들을 보면 꼭 이야기 속에 무언가를 궁금하게 만드는 장치를 해 두곤 해. 예를 들어 어떤 드라마를 보는데 주인공 침대 머리에 꽤 오래되어 보이는 인형이 하나 있고 그것을 자주 비춘다고 쳐 봐. 그렇다면 그 인형은 반드시 무슨 사연을 갖고 있고 그 사연을 파헤치는 것이 이야기를 즐기는 한 방법이 되기도 해.

이야기하는 사람이 누구나 궁금해할 만한 무언가를 슬쩍 던져 주고 이야기를 듣는 사람은 그것이 궁금해서 미치겠고, 그럴 때 이야기의 재미가 커지거든. 그 자체만으로도 벌써 흥미로운 놀이가 성립하

설마 모를거야…

아침에는 네 발, 점심에는 두….

는 거야. 내가 어릴 때만 해도 친구들과 만나서 별별 놀이를 다하다가 그마저 지치면 말로 하는 놀이를 많이 했어. 끝말잇기라든지 수수께끼 같은 게 그런 거였는데, 수수께끼는 둘이 운동 경기를 하듯이 승부를 가렸어. 가령, "깎을수록 커지는 것은?" 하고 문제를 냈는데, 즉각 "연필심!"이라고 답을 했다면 문제를 낸 사람이 패자가 되고 푼 사람이 승자가 되는 식이지.

수수께끼는 아무래도 엉뚱한 데서 답을 찾는 게 일반적이어서 그저 재미있게 느끼면 그만이라고 생각하기 쉽지만, 심각한 의미를 일깨워 주는 수수께끼도 많단다. 너도 들어 보았겠지만 이런 수수께끼가 그래. "아침에는 네 발, 점심에는 두 발, 저녁에는 세 발로 걷는 동물은?" 네가 아는 대로 정답은 "사람"이야. 사람은 어릴 때는 두 팔과 두 다리로 기어 다니고, 그 다음에는 두 발로 서고, 그 다음에는 지팡이에 의지하여 걸어가니까. 이 수수께끼는 본래 이집트의 스핑크스라는 괴물이 냈던 거야. 스핑크스는 사람 머리에 사자 몸뚱이를 한 괴물인데 테베라는 도시로 들어가는 길목을 지키고 있다가 그 문제를 내서 못 맞히는 사람은 잡아먹었다고 해.

그렇다면, 잡아먹히지 않고 테베로 들어갈 수 있는 사람은 그 수수께끼를 푸는 사람이고, 거꾸로 수수께끼를 풀 수 있는 사람에게만 그

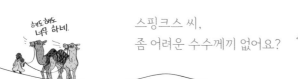

해도 해도 너무 하네.

스핑크스 씨,
좀 어려운 수수께끼 없어요?

도시에서 살 자격을 주었다는 뜻이기도 해. 요즘말로 하면 시민권을 얻는 자격 심사 같은 거야. 이 수수께끼는 우선, 아침-점심-저녁을 차례대로 늘어놓으면서 그것이 사람의 인생과 연결되도록 하고 있어. 아침의 밝은 햇살과 점심의 뜨거운 태양을 지나면 곧 어둑어둑해지는 저녁이 오는 것처럼 인생 또한 그런 변화를 겪는다는 거지. 설령 다른 동물과는 달리 자라면서 두 발로 우뚝 서서 우쭐대며 산다 하더라도 나중에는 지팡이에 의지하는 신세가 된다는 사실을 잘 알고 받아들이는 삶을 요구하는 거란다.

모란꽃 그림과 씨앗 석 되의 의미는?

어때? 수수께끼의 답을 맞히는 것도 중요하지만, 그 답의 숨은 의미까지 알면 훨씬 좋겠지? 물론 모든 수수께끼가 다 그런 건 아니니까 숨은 의미 찾는다고 너무 심각해질 필요는 없어. 그럼 시험 삼아 『삼국유사』의 수수께끼를 하나 볼까? 여기서는 수수께끼를 풀어가는 과정이 바로 이야기이고 또 이야기를 즐기는 과정이야.

제27대 덕만의 시호는 '선덕 여대왕'으로, 성은 김이며 아버지는 진평왕이다. 632년에 왕위에 올라 십육 년 동안 나라를 다스렸는데 미리 알아맞힌 일이 세 가지 있었다.

그 첫째는 이렇다. 당나라 태종 황제가 붉은색, 자주색, 흰색의 세 가지 색깔로 그린 모란꽃 그림과 씨앗 석 되를 보내왔다. 왕이 그 꽃 그림을 보고 말했다. "이 꽃은 반드시 향기가 나지 않을 것이다." 그리고는 그 씨앗을 뜰에 심도록 명했다. 과연 꽃이 피었다가 질 때까지 그 말과 같았다. (『기이1』 〈선덕왕이 미리 안 세 가지 일〉)

'덕만'은 신라 선덕 여왕의 이름이야. 어떤 훌륭한 일을 한 사람이 죽은 후 그 공덕을 기리기 위해 붙이는 이름을 시호라고 하는데 '선덕'이 바로 그것이지. '세종 대왕'이나 '성종'처럼 우리가 아는 임금의 이름은 다 시호라고 보면 돼. 이 이야기의 주인공인 선덕 여왕은 당나라 황제가 보낸 그림만 보고도 그 꽃의 향기가 없을 거라는 걸 알았다고 했어. 그런데 그걸 어떻게 알았을까? 꽃 그림에 나비가 없었다고 하니 그게 바로 특이한 점이었어. 꽃이 있으면 나비가 모여드는 것은 당연한 일이니까 대개 꽃을 그릴 때 나비를 함께 그리는 법이거든. 그런 것을 아는 게 별일이 아닌 듯이 보이지만, 꽃은 화려한데 나비가 없는 것에 관심을 두고 그것을 풀어내는 사람은 흔하지 않아. 그렇다

그림만 보고도 향기 없음을
알아챘으니 대단한 여왕이었지!

나처럼~

면 선덕 여왕은 그런 그림을 보낸 당나라 황제의 속뜻을 어떻게 풀었을까? 바로 자신이 남편이 없는 것을 희롱한 것으로 여겼어. 꽃과 나비를 흔히 여자와 남자로 비유하곤 하니까 그럴듯한 풀이지.

안 보이는 것까지 볼 수 있어야

보이는 것만으로는 세상을 제대로 볼 수 없어. 아주 작게 보이는 것으로도 그것을 통해 나머지 부분을 볼 수 있어야 하지. 수수께끼를 풀기 위해서는 안 보이는 것까지 볼 수 있어야 해. 정말 그런지 다른 이야기를 하나 더 볼까? 이번에는 김유신 장군 이야기야. 고구려의 자객이 김유신을 암살하려고 왔다가 발각되어 잡혔는데, 그 자객이 김유신에게 한 말이 이래.

저는 본래 고구려 사람인데 우리나라 신하들이 "신라의 김유신은 우리나라 점쟁이 추남이었다."고 말하곤 했습니다. 국경 지역에 물이 거꾸로 흐르는 이상한 일이 일어나서 추남을 시켜 점을 치게 하였습니다. 그러자 추남은 이렇게 말했습니다.

"왕비께서 남녀의 정숙한 관계를 어긴 탓에 그런 일이 생긴 것

입니다."

　왕은 그 말을 듣고 놀라고 괴상하다 여겼습니다. 왕비는 몹시 화를 내며 요망한 여우의 말이라고 했습니다.

　왕비는 왕에게 이렇게 청했습니다.

　"다른 일을 가지고 다시 한 번 시험해 보아서 말이 틀리거든 엄중한 벌을 내리십시오."

　그래서 상자 속에 쥐 한 마리를 넣어 두고 그게 무엇인지 물어보았습니다. 그러자 추남은 이렇게 아뢰었습니다.

　"쥐가 틀림없고, 모두 여덟 마리입니다."

　그래서 답이 틀렸다는 이유로 추남의 목을 베어 처형하려 했는데 그가 맹세하기를, "내가 죽은 후 장수가 되어 꼭 고구려를 멸망시킬 것이오!"라고 하였습니다. 그를 즉시 벤 후에 쥐의 배를 갈라보았더니 그 안에 새끼 일곱 마리가 있었습니다. 그제야 그의 말이 옳았던 것을 알았습니다.

　그날 밤 왕의 꿈에 추남이 나타나 신라 김서현(김유신의 아버지) 공의 부인 품 안으로 들어갔습니다. 왕이 이 사실을 신하들에게 말하자 신하들은 "추남이 죽기 전 맹세한 대로 된 것이옵니다."라고 대답했습니다. 그래서 저를 보내 이런 계획을 꾸미도록 한 것이옵

니다.(「기이1」, 〈김유신〉)

추남에게 이 수수께끼는 단순한 놀이가 아니야. 목숨을 건 도박이지. 맞히면 살고 못 맞히면 죽으니까. 그런데 어땠니? 추남은 정확하게 맞혔지만, 바로 그 때문에 죽고 말았어. 받아들이기 어렵겠지만, 세상에는 그런 일들이 심심치 않게 있단다. 빤한 거짓말을 하는 사람은 도리어 칭찬을 받고 바른 소리를 하는 사람은 싫은 소리를 듣는 일 말이야. 만일 추남이 "쥐 한 마리입니다."라고 했든지 그냥 "쥐입니다."라고만 했으면 죽일 명분을 찾지 못했겠지? 그는 여덟 마리라고 정확히 말한 까닭에 도리어 억울하게 목숨을 잃고 말았구나. 부정한 짓을 했던 왕비는 살고 정직한 말을 했던 추남은 죽었으니 승자와 패자가 바뀐 셈이지.

정말 그럴까? 이야기를 잘 따라가 보면 그 반대란다. 대체 왕이 무엇을 하는 사람이니? 나라를 다스리는 사람이잖아. 그런데 이런 일로 적국에 훌륭한 인물이 태어나게 되었고, 바로 그렇게 생겨난 인물인 김유신에 의해 나라가 망하게 되었다는 거야. 물론 요즘 같은 시대에는 믿기 어려운 내용이지만, 이야기에서는 그렇게 말하는구나.

나는, 이 이야기를 거짓으로 잠깐은 모면할 수 있겠지만 결국은 진

내 목 자르기 전에 쟤 배를 먼저
갈랐어야 하는 거 아닌가?

실이 이긴다는 뜻으로 풀고 싶다.

숨은 뜻을 찾아라

거짓과 진실 이야기가 나왔으니까 앞에서 본 선덕 여왕의 수수께끼도 되짚어 보자. 대체 그 이야기들 가운데 어디까지가 있었던 일일까 생각해 보자는 거야. 아니, 꼭 거짓이라기보다는 사실이 아닌 이야기가 어떤 이유로 사실처럼 들어갔다고 해 두자. 자, 맨 먼저 당나라 황제가 선덕 여왕에게 그림을 보낸 것부터 따져 볼까? 두 나라 사이에 물건이 오갈 때는 기록을 남겨 두니 다른 역사책을 보면 쉽게 확인이 되겠구나. 그 내용이 김부식이 쓴 『삼국사기』에도 그대로 나오는 걸 보면 사실로 보인다. 문제는 그 다음부터야. 나비가 없는 모란 그림은 어땠을까? 역사책에 그렇게 세세한 내용까지는 나오지 않으니까 실제로 그런 그림이었는지는 확인할 수 없지만 그림을 보내는게 이상한 일도 아니니 일단 사실로 보자꾸나.

그러나 당나라 황제가 신라의 왕이 남편 없는 여자라고 희롱하기 위해 그런 그림을 보냈다는 것은 믿기 어려운 일이야. 큰 나라의 황제가 작은 나라의 여왕을 희롱하기 위해서 그림을 보낸다는 일이 상식

때로는 목숨을 걸기도 하는
수수께끼도 있다.

55

적이지 않기도 하지만, 당나라 태종이 그럴 만큼 문제가 많았던 황제도 아니기 때문이야. 그러니 사실이라고 여기기보다는 당시 사람들이 그런 해석을 달았던 이유를 따져 보는 편이 나을 것 같구나.

당시의 당나라는 동양을 지배하던 큰 나라였고 화려한 문화를 자랑하던 때여서 온갖 사치스러운 취미들이 많았단다. 모란 재배 또한 그중 하나였거든. 지금도 그렇듯이 어떤 꽃은 특히 색깔을 예쁘게, 또 어떤 것은 꽃송이를 크게 하는 식으로 개량하다 보면 꽃이 큰 데 비해 향이 적은 종류 또한 있을 수 있었겠지. 꽃에 나비가 없는 것은 특별한 의미를 두지 않고도 있는 그대로의 사실일 수 있을 거야.

그런데도 이런 이야기가 퍼진 까닭이 무엇일까? 중국은 신라보다 월등하게 큰 나라여서 신라로서는 늘 위압감을 느끼며 지냈을 텐데, 임금마저 여성이라고 하면 아무래도 그 때문에 더 깔보지 않을까 걱정이 되었을 거야. 이럴 때, 우리 임금은 비록 여성이어서 힘은 약할지 모르지만, 보이지 않는 것도 헤아릴 수 있는 지혜가 있으니까 만만하게 보지 말라는 생각을 담은 것일 듯해.

『삼국유사』에 따르면 선덕 여왕은 이 꽃 그림 말고도 두 가지 사실을 미리 알아맞혔고, 황룡사의 9층 목탑을 짓기도 했어. 9층은 신라 주변의 아홉 개 나라를 상징했고, 밖의 위협으로부터 나라를 편

안히 지키려는 의도로 만들었지. 여기서도 여성으로서 나라를 다스리며 겪는 어려움이 느껴져. 그러니까 선덕 여왕이 수수께끼를 풀이한 것도 중요하지만, 그런 이야기가 만들어져서 세상에 널리 알려지는 이유를 살피는 일이 더 중요하다 할 수 있지.

꿈보다 해몽

이야기 속에서 수수께끼가 나올 때, 답을 맞히는 것만큼이나 중요한 게 거기 숨어 있는 의미를 찾아내는 거야. 문제는 수수께끼라는 게 참 이상해서 그 답을 찾는 과정에서 이렇게 보면 이렇고 저렇게 보면 저런 경우가 많다는 거지. 그럴 때는 정말 어느 쪽을 끌어다 쓸지 고민이 되는데, 백제의 이야기를 한번 보도록 하자.

왕이 왕위에 오른 지 오 년째가 되던 660년 봄 1월, 백제의 서울 부여의 우물물이 핏빛을 띠었고, 서해 바닷가에는 작은 물고기들이 죽어 나왔는데 백성들이 다 먹어 없애지 못할 만큼 많았다. 사비수가 핏빛이었다.

4월에는 개구리 수만 마리가 나무 위에 모여들었고, 서울 길거

이래도 몰라보면 나도 포기!

리에는 누가 낚아채기라도 하는 듯 놀라 달아나다 넘어져 죽은 이가 백여 명이었으며, 재물을 잃은 이도 수없이 많았다.

6월에는 왕흥사의 승려들이 배가 큰물을 따라 절 문으로 들어오는 듯한 모습을 보았으며, 사슴만큼 큰 개가 서쪽에서부터 사비수 물가에 이르러 궁궐을 향해 짖다가는 이내 종적을 감추기도 했다. 또, 성안의 개들이 길가로 모여들어 짖는 듯 곡을 하는 듯하다가 차츰 흩어졌다.

어떤 귀신 하나가 궁중으로 들어와 크게 부르짖었다.

"백제는 망한다. 백제는 망한다."

그러고는 곧 땅속으로 사라졌다. 왕은 그것을 괴이하게 여겨서 사람들에게 그 땅을 파게 시켰다. 그러자 거기에 석 자가량 되는 거북이 한 마리가 있었는데 그 등에는 이렇게 씌어 있었다.

"백제는 둥근달이요, 신라는 초승달 같다."

이에 대해 점쟁이에게 물어보니 이렇게 답했다.

"둥근달은 가득 찬 것인데 차면 기우는 법입니다. 초승달 같다는 것은 가득 차지 않은 것이니 차지 않으면 점점 차오르게 된다는 뜻입니다."

그 말에 왕은 화가 치솟아 그를 죽였다. 그러자 어떤 이가 이렇

59

게 말하였다.

"둥근달은 꽉 들어찬 것이고, 초승달은 보잘것없이 하찮다는 뜻입니다."

그 말에 왕은 기뻐하였다.「기이1」《태종춘추공》

백제의 마지막 왕인 의자왕의 이야기야. 무언가 큰일이 날 때는 이 이야기에 나오는 것처럼 여러 가지 조짐이 있다는 것을 앞서 말했었지? 갑자기 일어난 것처럼 보이는 일도 곰곰 생각해 보면 미리 여러 가지 징후들을 보이는 법이야. 가령, 큰 건물이 붕괴될 때는, 벽에 금이 가든 바닥에 균열이 생기든 기둥이 흔들리든 무언가 무너져 간다는 표시가 있어. 나라도 그렇단다. 옛날에는 나라를 세우고 또 망하게 하는 일처럼 큰일은 인간이 사사롭게 할 수 있는 게 아니라고 생각해서, 여러 가지 자연 현상이 이상하게 벌어지는 것을 그 조짐으로 생각하곤 했어. 우물물이 핏빛으로 되고, 물고기들이 이유 없이 떼죽음을 당하고, 개구리가 나무 위에 올라가고 하는 일은 평상시에는 보기 힘든 일이야. 문제는 그런 희한한 재앙이 났는데도 왕이 그게 무슨 조짐인지 알아채지 못했다는 거야.

그러니까 이번에는 귀신까지 등장하여 직접 백제가 망한다는 소리

절레 절레~

저렇게 자기 좋을 대로 듣는 왕이라니!

를 해 댔어. 한 번에 못 알아들으니까 두 번째 일러 주는 거지. 그러면서 마침내 세 번째 힌트를 주고 있어. 귀신이 땅속으로 사람을 인도하여 거북이 등짝에 있는 글귀를 보게 하는 거지. 거북이는 옛날에 점을 칠 때 쓰던 동물이야. 거북이 등껍질이 갈라지는 모양을 보고 점을 치곤 했거든.

자, 그 거북이 등껍질에 있는 말이 바로 수수께끼야. 그런데 수수께끼는 풀이하는 내용이 이처럼 상반되기도 해. 흔히 '해몽'이라고 하는 꿈풀이도 그렇잖아. 예를 들어, 꿈에 모자를 벗었다고 해 봐. 모자를 벗으니까 직위를 잃는 것일 수도 있겠지만, 한편으로는 가장 높은 데 있는 것을 벗어 놓는 것이니까 자기 위로 더 높은 사람이 없는 맨 꼭대기로 간다는 뜻일 수도 있겠지.

후에 원성왕이 되는 김경신은 각간의 지위로, 왕위를 잇는 두 번째 서열에 있었다. 그의 꿈에 두건을 벗고 흰 갓을 쓰고 손에 12현금을 쥐고 천관사의 우물 속으로 들어가는 모습이 보였다.

김경신이 꿈에서 깬 후 사람을 시켜 점을 치게 했더니 그 사람이 이렇게 풀어냈다.

"두건을 벗는 것은 벼슬에서 쫓겨날 조짐이며, 12현금을 잡은

근데 왜 이런 수수께끼가 퍼졌을까?

것은 칼(옛날 죄수들의 목에 채우는 형구)을 쓸 조짐이고, 우물에 들어간 것은 감옥으로 들어갈 조짐입니다.”

김경신이 그 말을 듣고 매우 근심하며 문을 잠근 채 외출을 하지 않았다. 이때 아찬 벼슬을 하는 여삼이 찾아와서 뵙기를 청하였지만 김경신은 병을 핑계로 나가지 않았다. 여삼이 다시 한 번 꼭 뵙기를 청하자 김경신이 승낙했다. 그는 “공께서 지금 몸을 조심하고 계신 까닭이 무엇입니까?”라며 물었다. 김경신이 꾼 꿈 이야기와 그 꿈풀이를 말해 주자 여삼이 일어나서 절하고 나서 이렇게 말했다.

“이것은 아주 좋은 꿈입니다. 만일 공께서 왕위에 오르시고도 저를 버리시지 않는다면 공을 위해 꿈을 풀어 볼까 합니다.”

김경신이 곁의 사람들을 물리친 후 해몽을 청하자 그가 이렇게 풀어냈다.

“두건을 벗는 것은 자기의 윗자리로는 아무도 없다는 뜻이며, 흰 갓을 썼다는 것은 면류관을 쓸 조짐이고, 12현금을 쥐었다는 것은 12대 자손에게 왕위가 전해진다는 징조이며, 천관사에 들어간다는 것은 궁궐에 들어갈 좋은 징조입니다.”「기이2」〈원성대왕〉

꿈 풀이로 운명을 바꿀 수도 있어.

두 사람의 꿈풀이가 정반대로 흘러갔지? 이때는 누가 다음 왕이 될지를 두고 혼란스러운 때였는데 김경신은 서열이 밀리니까 당연히 왕이 될 수 없다고 생각했지. 뿐만 아니라 자신이 아닌 누군가가 왕이 된다면 지금의 지위마저 위태롭다고 여겼을 거야. 그렇게 불안하던 차에 꿈을 꾸었는데 첫 번째 풀이는 악몽 중의 악몽이야. 그런데 또 다른 풀이는 그가 왕이 된다는 거잖아? 실제로 김경신이 바로 신라 제38대 원성왕이니 여삼의 풀이가 맞았어. 만약 앞의 꿈풀이를 믿었다면 김경신은 겁을 먹고 집 밖으로 나오지 않은 채 세상을 끝냈을지도 몰라. 그러나 여삼의 꿈풀이를 따랐기 때문에 특별한 비책을 마련하였고, 그에 따라 왕이 되었어.

개구리가 나무 위로 올라갔다니!

백제 의자왕과 신라 원성왕의 수수께끼 풀이를 보면, 똑같은 일을 두고 정반대로 풀이를 했다는 점에서 비슷해. 의자왕 이야기에서 한 사람은 백제가 망한다고 풀었고, 또 한 사람은 백제가 흥한다고 풀었어. 긍정적으로만 보려고 하면 뒤에 풀이한 사람이 더 그럴듯하지. 그런데, 원성왕 이야기를 보렴. 도저히 긍정적으로 풀어낼 만한 분위기

가 아니잖아? 그런데도 긍정적으로 풀이하면서 새로운 전기를 마련했어. 이게 바로 수수께끼의 묘미이지. 긍정적으로 생각할 만한 것도 부정적으로, 부정적으로 생각할 만한 것도 긍정적으로 풀어내는 것인데, 그 비결이 무엇인 줄 아니? 세상은 늘 변한다는 것을 아는 것! 어떻게 변하는 줄만 제대로 알면 돼. 그걸 알면 제 속 편하자고 좋은 쪽으로 풀이한 말만 듣다가 망하기도 하고, 그저 겁만 먹다가 기회를 놓칠 뻔한 것을 잘 헤쳐 나가게도 되지.

　그런데, 좀 더 들여다보면 여기에도 숨은 뜻이 있을 거야. 강물이 핏빛으로 변하고 개구리가 나무 위로 올라가는 일이 실제 있었을까? 사실이라기보다는 그 비슷한 일이 있었는데 와전된 것일 수도 있고 아예 헛소문일 수도 있겠지. 그렇다면, 그런 이야기가 널리 퍼져서 사람들 입에 오르내리고 『삼국유사』에 실린 까닭이 무엇일까? 그 이유를 찾아보는 게 중요해.

　제일 먼저 백제의 민심이 흉흉해졌다고 볼 수 있어. 여기 나오는 일들로 보면 이미 백제가 망해 가고 있다고 볼 만해. 일연 스님이 고려 때 사람이라는 점을 생각하면 이해하기 더 쉽지. 고려는 통일이 된 나라를 이어받은 것이고 삼국을 통일한 나라는 바로 신라야. 그러니까 이런 이야기들은 아무래도 신라 쪽에 유리하게 써지게 마련이야. 아

살 수가 없다!!!

무리 객관적으로 쓴다 하더라도 승리한 편에서 기록하는 것이 일반적이거든.

앞에서 본 김유신 이야기 또한 그런 맥락에서 살필 수 있어. 고구려에는 제대로 된 사람을 알아볼 인재가 없었다는 뜻일 테니까, 신라 편의 입장이 크게 고려된 거지. 원성왕 이야기도 자신이 왕이 된 다음에, 본인이 이미 그렇게 왕이 되도록 정해진 사람이었다는 걸 강조하기 위해 덧붙여진 것일 수도 있고.

그러니까 지원아, 앞으로 어떤 이야기를 만나게 되거든 수수께끼 풀듯 살펴보렴. 잘 풀어내는 요령은 우선 앞뒤의 내용을 꼼꼼히 살펴서 대체 어떤 쪽으로 이야기가 흘러가는지 파악하는 거야. 마치 수학 문제에서 네모 칸을 만났을 때처럼 앞뒤를 맞춰 보면 그 빈칸을 채울 수 있어. 그리고 다 채우고 난 후 맞았다고 좋아만 할 게 아니라, 그런 문제가 왜 나왔는지 또 그 문제를 풀어내는 게 어떤 의미인지 곰곰 생각해 보는 거야. 그걸 잘 풀어내면 네가 승리하는 거지.

그래, 수수께끼는 언제나 키 재기 같은 것인지도 몰라. 수수께끼를 낸 사람과 푸는 사람이 누가 더 큰가 재 보는 거지. 어때? 누구 키가 더 커?

세상은 늘 변한다는 것을
후손들이 잊지 말아야 할 텐데….

문학에서 수수께끼는 무슨 역할을 하나?

수수께끼는 정확한 추리를 통해 정답을 찾아내는 과정을 요구합니다. 예를 들어 "깎을수록 커지는 것은?"이라는 수수께끼를 듣는 순간 아마도 나뭇조각 같은 것을 떠올릴 것입니다. 그런데 그런 것들은 깎아 내는 순간 작아지기에 앞뒤가 맞지 않게 되지요. 수수께끼는 그렇게 잘못된 추리를 하도록 부추겨서, 그 덫을 빠져나온 사람만이 정답을 찾을 수 있게 합니다. 추리 소설이나 범죄 영화 등에서 쓰는 기법들도 따지고 보면 이런 수수께끼의 원리가 들어간 예입니다.

선덕 여왕이 맞힌 수수께끼 세 가지 가운데 나머지 두 가지를 예로 들어 보지요.

그 하나는 바로 백제군의 침입을 알아맞힌 일입니다. 경주에 옥문지라는 못이 있었는데 겨울철에도 개구리가 울었다고 해요. 개구리는 겨울잠을 자는 동물인데 참 이상한 일이지요. 그런데 선덕 여왕은 다짜고짜 여근곡이라는 계곡에 가면 백제 병사들이 숨어 있을 거라고 했고, 명령대로 신라 병사들이 거기에 가 보니까 정말 백제 병사들이 오백 명이나 있었답니다. 그래서 나라를 위기에서 구했다는 것인데, 그것을 알아맞힌 과정이 좀 복잡합니다. 추리 과정을 거치는 것이지요. '옥문'은 여성의 성기를 말하는데 여성에 해당하는 빛깔이 흰 빛이고, 그에 해당하는 방향이 서쪽이기 때문에 서쪽의 여근곡에 가면 백제 병사들이 숨어 있다는 뜻이라는 겁니다.

나머지 하나는, 자신이 죽으면 도리천에 장사 지내라고 한 일입니다. 여왕이 죽자 신하들이 여왕이 말한 곳에 장사를 지냈습니다. 그 뒤 문무왕이 여왕의 무덤 아래 사천왕사라는 절을 짓게 되었는데, 『불경』에 "사천왕천 위에 도리천이 있다."는 구절이 있으니, 선덕 여왕은 아직 짓지도 않은 절의 위치까지 알아맞힌 셈입니다.

옥문지 수수께끼는 나라를 지키는 문제와 연관되어 있습니다. 문제를 풀면 나라를 구하고 못 풀면 위험해지는 것이지요. 수수께끼는 그렇게 인간이 가진 궁금증을 문학적으로 풀어내는 놀이이면서, 누군가 만들어 놓은 덫에 빠지지 않고 제대로 답을 하는 과정을 통해 근원적인 문제를 해결해 나가는 과정이기도 합니다. 인간은 대체로 어려운 현실을 헤쳐 나가며 살아가기 마련인데요, 어찌 보면 우리의 삶은 그렇게 수수께끼 풀이의 과정인지도 모르겠습니다.

넷째 놀이. 이길 수 있는 것과 이길 수 없는 것

이야기 속 인물들의 힘겨루기

지원아, 바로 앞에서 배운 놀이는 수수께끼였지? 수수께끼는 문제를 내는 사람과 문제를 푸는 사람들 사이의 지혜 겨루기 같은 거였어. 그래서 이야기를 하는 사람이 내는 문제를 이야기를 읽는 사람이 풀어 보는 재미를 느낄 수 있지. 그런데, 어떤 이야기든 적어도 둘 이상의 인물이 나오게 돼. 손바닥도 마주쳐야 소리가 난다고, 흥미로운 사건이 빚어지려면 둘 이상이 관계를 이어가야 하니까 말이지. 또 인물들끼리 경쟁을 하는 경우가 많아. 〈흥부전〉 같은 작품만 봐도 착한 흥부와 못된 놀부가 서로 겨루는 이야기잖아.

누가 최고의 자리에 오를까?

이야기만 그런 게 아니라 우리의 삶도 마찬가지야. 너는 혹시 누군 가를 꼭 이겨 보고 싶다는 생각을 해 본 적이 있니? 당연히 있을 거야. 요즘 같은 경쟁 사회에서라면 누구라도 그럴 거야. 그런데 신기한 일 은, 이겨 보고 싶은 사람이 그리 멀리 있지 않다는 거야. 가령, 지구 반 대편에 살고 있는 수학 천재 소녀가 있다고 하자. 아마도 지원이가 그 친구를 이기고 싶은 생각은 들지 않겠지. 물론 네가 수학을 너무 잘해 서 우리나라에서는 누구도 따라올 수 없을 정도의 실력이라면 그런 꿈을 꾸어 볼 수도 있겠지만, 그런 대상은 너무도 멀리, 너무도 높이 있으니까 아예 경쟁할 생각을 안 하는 법이야. 가까이 있어야 모방하 고 싶고, 더 나아가 뛰어넘고 싶은 생각이 드니까.

이겨야겠다는 생각을 하는 순간, 열심히 노력하게도 되지만 그 탓 에 삶이 피폐해지기도 하지. 간단한 이야기부터 보자.

신라 제28대 진덕왕 때의 일이다. 알천공, 임종공, 술종공, 호림 공, 염장공, 유신공 등이 남산 우지암에 모여 나랏일을 논의하였 다. 그때 큰 호랑이가 앉은자리로 뛰어들었다. 여러 공들이 놀라 일어났으나 알천공만은 꿈쩍도 않고 담소하며 태연히 있다가 호 랑이 꼬리를 잡아 땅바닥에 메쳐 죽였다. 알천공의 힘이 이 정도

그야 힘 센 사람 아니겠어요.
저도 근육을….

여서 높은 자리인 상석에 앉곤 했지만, 여러 공들은 다들 김유신에게 복종하였다.「기이1」〈진덕왕〉

　특별히 겨루는 것은 없는 듯 보이지? 하지만 여기 등장하는 여섯 명은 보통 사람들이 아니야. 뒤에 '공(公)'이 붙는 걸로 보나 모여서 나랏일을 논의하는 것으로 보나 국가의 중요한 일을 맡아서 하는 사람들이야. 그런데 그들이 모여 있는 자리에 갑자기 호랑이가 뛰어든 거지. 사람들이 얼마나 놀랐겠어? 당연히 혼비백산 줄행랑을 쳤겠지. 그런데 김알천이라는 사람은 꿈쩍도 않고 있다가 호랑이 꼬리를 잡아서 땅에 메꽂았다고 해. 참으로 대단한 사람이지. 그때는 호랑이에게 잡아먹히는 불상사를 '호환(虎患)'이라고 부를 정도로 호랑이가 나타나는 게 큰 걱정거리이던 시절이었어. 날고 기는 사냥꾼들이 무기를 가지고도 잡기 힘든 호랑이를 맨손으로 잡는다니 놀랍지 않니?

　그런데 모인 사람들은 김알천에게 복종하기보다는 김유신에게 복종했다고 했어. 복종이라는 표현이 좀 거슬릴 수 있는데, 혹시 '심복(心服)'이라는 말을 아는지 모르겠다. 마음으로 기쁘게 복종한다는 말이야. 복종을 하는 데도 여러 등급이 있어. 상대가 너무 무서워서 복종하는 경우도 있고, 아주 똑똑해서 복종하는 경우도 있지. 뒤의 경우

너 나랑 놀자!

뭐래? 내가 고양인 줄 아는 거야!

가 앞의 경우보다 조금 낫기는 하지만 이 역시 흔쾌히 복종하는 것은 아니야. 상대가 인품이 훌륭하고 배울 점이 많아서 그 사람과 함께 일하는 것이 진심으로 기쁠 때 마음속에서 우러나와 복종하는 게 최상이지.

김알천은 사람들을 무섭게 할 수는 있었지만 마음까지는 움직이지 못했어. 그래서 김유신이 대단한 거야. 역사적으로 김알천은 당대 최고의 실력자였고 상대등이라는 최고 관직에 있었어. 진덕왕이 죽은 후에는 화백 회의에서 다음 왕으로 뽑힌 사람이기도 해. 단순히 물리적인 힘만 센 사람이 아니야. 그럼에도 불구하고 사람들은 김유신에게 복종했고 화백 회의의 결정에도 불구하고 김유신이 김춘추를 도와서 왕위에 오르게 했으니 김유신의 완승인 셈이지.

머리가 좋다고 이기는 건 아니다

누가 누구를 이긴다는 것은 완력만으로는 되지 않는다는 것을 알겠지? 심지어는 싸움을 일삼는 조직폭력배들의 세계에서도 힘으로만 이길 순 없어. 영화를 봐도 두목은 덩치가 크거나 힘이 센 사람으로 나오지 않아. 물론 아주 힘이 없지는 않겠지만, 덩치가 산만 해서

힘만 센 자는 머리 좋은 자를 이기지 못하지.

아무 때나 주먹을 휘둘러 대는 사람은 십중팔구 2인자나 3인자, 아니 그냥 명령에나 따르는 하수인이기 쉬워. 법을 어겨 가며 폭력에 의지하는 사람들의 세계에서도 완력으로 승부를 가리는 게 아니라니 다른 분야에서야 말하나 마나겠지. 그럼 머리가 좋거나 지혜가 많으면 최고의 자리에 오를 수 있을까? 다음 이야기를 보자. 우리가 잘 아는 원효 스님의 이야기야.

신라의 서울인 경주 만선북리에 한 과부가 있었다. 남편 없이 임신하여 아이를 낳았는데 열두 살이 되도록 말도 못하고 일어나지도 못했다. 이 때문에 이름도 뱀처럼 기어다니는 아이라는 뜻에서 '사복(蛇伏 혹은 蛇福)'이라고 했다.

어느 날 사복의 어머니가 죽었는데, 원효는 그때 고산사에 있었다. 원효가 사복을 보고 맞이하며 예를 표했지만 사복은 답례도 하지 않으면서 말했다.

"옛날에 그대와 내가 불경을 실어 나르던 암소가 지금 죽었다네. 우리 둘이 함께 가서 장사를 치르는 게 어떻겠는가?"

원효가 "좋다"고 승낙한 후 함께 집에 갔다. 그러자 사복은 원효에게 지켜야 할 계율을 주어 참회하는 의식을 거행하도록 했다.

머리하면 나지.
해골물 마시고 깨달았거든.

원효가 어머니의 시신 앞에 나와 빌었다.

"나지 말라. 죽는 것이 괴롭도다. 죽지 말라. 나는 것이 괴롭도다."

사복이 말했다.

"말이 너무 번잡하다."

원효가 다시 고쳐 말했다.

"죽고 사는 게 모두 괴롭도다."

두 사람은 시신을 메고 활리산 동쪽 기슭으로 갔다.

원효가 말했다.

"지혜로운 호랑이를 지혜의 숲 속에 묻는 게 좋지 않겠는가?"

이에 따라 사복은 불교 시를 지었다.

저 옛날 석가모니 부처님께선

사라수 사이에서 열반하셨네.

지금도 또한 그런 사람 있어

극락세계 속으로 들어가려 하네.

말을 마치고는 풀줄기를 뽑아내자 그 밑에 한 세상이 드러났는

머리 좋은 자도 무릎을
꿇어야 하는 상대가 있어.

데, 빛나고 맑으며 칠보 난간에 누각이 장엄한 것이 인간 세상이 아닌 듯했다. 사복이 시신을 업고 그 속으로 들어가니 홀연히 그 땅이 합쳐져 버렸다. 원효는 그만 돌아오고 말았다.(『의해』「사복이 말하지 않다」)

여기에는 두 명의 인물이 등장해. 한 사람은 지금까지 우리나라에서 살았던 사람 가운데 가장 똑똑한 사람을 꼽으라고 할 때 틀림없이 다섯 손가락 안에 들어갈 원효 스님이고, 또 한 사람은 열두 살이 되도록 말도 못하고 일어설 수도 없었던 사복이야. 『삼국유사』를 보면 사복도 스님이었던 것 같은데 다른 자료에는 나오지 않으니 실제 있었던 인물인지 궁금할 정도로 신비로운 존재이지.

사복과 원효는 그 이름부터 하늘과 땅 차이야. 우리 이름에 '-복'이나 '-동' 자가 들어가는 경우는 아주 흔했는데 모두 '아이'라는 뜻으로 평범한 사람을 친근하게 부를 때 붙이는 거야. 사복도 그 당시에는 '뱀복'이나 '뱀동'이로 불렸을 것 같아. 그에 비하면 '원효(元曉)'는 스님이 되어 붙여진 법명이야. '으뜸 원(元)'에 '새벽 효(曉)'이니 이름만 봐도 얼마나 똑똑한 사람인지 알 수 있어. 새벽은 어둠을 끝내고 해가 드는 시간이잖아? 어리석음을 끝내고 지혜의 순간이 다가왔으니 똑똑함으로는 으뜸이라는 의미가 들어 있는 거야.

그런데 이 이야기에서는 그 둘의 관계가 완전히 바뀌고 말아. 어떻게 그런 일이 일어나는지 한번 따라가 보자. 사복의 어머니가 죽었으니 장례를 치렀을 거야. 불교 신자이니 불교식으로 치렀겠지? 그런데 당대 최고 승려인 원효가 등장해. 그렇다면 상주인 사복은 당연히 원효에게 예를 표해야 하는 것 아니겠어? 그런데 예를 표한 사람은 사복이 아니라 원효였어. 게다가 깍듯이 예를 표하는 원효에게 사복은 답례도 안 했단 말이야. 참 이상하다고? 이야기는 본래 그렇게 이상하고 신기하게 풀려야 제 맛이라고 했었잖아.

원효를 이긴 사복

왜 그런지 알아보기 위해 이야기의 맨 앞으로 돌아가 보자. 먼저 어떤 여자가 등장하는데 과부였지? 남편이 없다는 뜻이야. 그런데 그 과부가 남자 없이 아이를 낳았다고 했거든. 이런 이야기는 너도 많이 들어 봤을 거야. 교회에는 다니지 않더라도 '동정녀 마리아'는 다 알지? 그래, 맞아. 바로 그 마리아, 예수의 어머니야. 남자 없이 여자가 아이를 낳는 것은 인간 세계에서는 불가능한 일이지만, 기독교에서

놀랍지 않니? 신라 최고의 고승이
12살짜리 아이를 예의로 대하다니!

는 그렇게 태어난 아이가 세상을 구할 예수 그리스도라고 하잖아. 사복 역시 그렇게 특별한 존재였다고 보면 돼. 보통 인간처럼 남자와 여자 사이에서 태어난 게 아니라는 것이 그가 뛰어난 존재라는 가장 확실한 표시야.

특별한 존재가 보통 사람을 이기는 것은 아주 쉬운 일이야. 원효가 비록 똑똑하고 많이 공부했다 하더라도 사복을 이길 수는 없는 거야. 그 다음을 보렴. 사복의 어머니가 죽었는데 사복은 전혀 슬퍼하지 않잖아. 다만 사복은 전생에서 사복과 원효가 불경을 실어 나르던 암소가 자기 어머니였다고 말하고 있어. 불교에서는 사람이나 동물이 죽으면 다음 생에 다른 존재로 다시 태어나는 '윤회'가 일어난다고 하지. 사복은 그렇게 전생까지 꿰뚫어 볼 줄 아는 사람이었던 거야.

그에 비하면 원효는 한참 아래인 셈이야. 그래서 아예 사복이 원효에게 명령조로 이야기하잖아. 원효는 그 명령에 순순히 따르고, 죽은 사람의 명복을 비는 의식을 치러 주었지. 그러면서 한 말이 "나지 말라. 죽는 것이 괴롭도다. 죽지 말라. 나는 것이 괴롭도다."였어. 나고 죽고 다시 태어나는 과정이 바로 윤회인데, 불교에서는 깨달음을 얻어 해탈함으로써 그런 윤회의 사슬을 끊는다고 생각하거든. 그러니까 이제 그런 고통을 벗어나 해탈하라는 소리야.

그런 당연한 이야기를 하는 원효더러 사복이 뭐라고 했지? 말이 번잡하다고 했어. 한마디로 말이 너무 많다는 거야. 그래서 원효가 다시 한 번 고쳐 말하잖아. "죽고 사는 게 모두 괴롭도다."라고 말이야. 죽는 것도 괴롭고 죽어서 다시 태어나는 것도 괴롭다는 거지. 하긴 또 다시 태어나서 또 죽는 고통을 겪어야 할 테니까, 그렇게 되면 끝없이 괴롭다고 생각할 만도 해. 결국 사복의 지휘에 따라 사복의 어머니, 그러니까 전생에서 불경을 실어 나르던 착한 암소는 해탈하여 극락 세계로 갔어. 사복이 어머니를 모시고 함께 간 것인데, 결국, 이 세상에는 원효만 남게 되었지. 사복의 깨끗한 승리야.

그런데 이야기에서는 사복이 원효보다 더 나은 이유를 밝히지 않아. 그는 어느 한순간 훤하게 깨치고 먼저 도(道)가 튼 사람인 거지. 보통 사람들로서는 이해하기도 어렵고 또 속상한 일이지만 드물긴 해도 세상에는 그렇게 뛰어난 사람들이 있는 법이야. 흔히들 천재라고 하는 사람들이지. 가령 악보를 한 번 보고 통째로 외워 버리는 음악 천재가 있다면, 보통 사람들이 아무리 열심히 연습해도 그를 따라잡기는 어려울 거야. 이 이야기에서는 원효라는 뛰어난 인물조차도 따라잡을 수 없는 인물이 있다는 것을 알려 주려는 것 같구나.

관음보살은 왜?

『삼국유사』에서는 성스럽다는 뜻의 '성(聖)'자를 써서 뛰어난 존재를 드러내곤 했어. 글자대로 푼다면 성스러운 인물, 곧 성인이겠지만 때로는 사람이 아닌 존재까지도 포함하는 넓은 개념으로 쓰고 있어. 가령, 〈경흥이 성(聖)스러운 존재를 만나다〉에서 성스러운 존재는 바로 보살을 가리켜. 너도 들어 보았지? "관세음보살, 나무아미타불" 할 때의 그 보살 말이야. 그 말은 마치, 기독교 신자가 "하나님 아버지"나 "우리 주 예수 그리스도" 하고 부르는 것처럼, 관세음이라는 보살과 아미타라는 부처님을 외는 거야.

너도 알듯이 부처님은 깨침을 얻어서 우리를 일깨워 주는 분인데, 그분을 만나기는 너무도 어려워. 그래서 우리같이 딱한 중생들을 일깨워 주기 위한 분이 바로 보살이야. 보살은 위로는 부처님의 깨침을 구하고 아래로는 불쌍한 중생들을 구제해 주는 징검다리 같은 구실을 하지. 그러니 그런 보살을 보통 사람이 넘어설 수는 없겠는데, 그걸 모르고 덤벼드는 일이 왕왕 있거든. 〈경흥이 성스러운 존재를 만나다〉 이야기가 그래.

힘 센 자도 머리 좋은 자도
하늘 사람을 이길 수는 없지.

신라 제31대 신문왕 대의 큰스님 경흥은 성이 수 씨로 웅천주의 사람이다. 열여덟 살에 출가하였는데 불경을 아주 잘 이해하여 명성이 순식간에 드높았다. 681년, 문무왕이 세상을 떠나며 신문왕에게 유언했다. "경흥 법사는 국사로 삼을 만하다. 나의 명을 잊지 말라!"(『감통』 〈경흥이 성스러운 존재를 만나다〉)

여기에도 대단한 스님이 등장하는구나. '경흥'이라고 하는 스님이지. 웅천주는 지금의 충청남도 공주이니까 당연히 백제 사람이겠지. 그런데 문무왕은 삼국을 통일한 신라의 왕이거든. 그러니 삼국을 통일한 후에는 신라만이 아니라 삼국의 인재들을 고루 등용해서 민심을 달래는 일이 급했겠지. 문무왕은 그런 문제를 풀기 위해 다음 왕위에 오를 신문왕에게 경흥을 국사로 삼으라고 했을 거야.

국사(國師)는 말 그대로 나라의 스승이야. 나라에 어려운 문제가 있으면 임금에게 자문도 해 주고 그러는 자리이지. 신라는 불교 국가여서 덕이 높은 큰스님을 모셔다가 국사로 삼곤 했는데, 문무왕은 왜 자신이 직접 경흥 스님을 국사로 삼지 않고 다음 왕이 될 사람에게 그런 유언을 남겼을까? 보나 안 보나 신라 사람들 사이에서 반발이 심했을게 뻔해. 나라가 통일되었는데 그 중요한 자리를 백제 출신 승려에게

흠…

맡긴다니 선뜻 받아들이기 어려웠을 거란 말이지.

아무튼 매우 복잡한 상황이긴 하지만 경흥이 얼마나 대단한 사람인가를 일러 주는 대목이야. 그런데 경흥은 경흥대로 걱정이 많았던가 봐. 백제 땅을 떠나는 것도 그랬겠지만, 신라로 말하자면 조국을 멸망시킨 원수의 나라이기도 하잖아. 그런 나라에 가서 책임을 맡는다는 게 마음이 편할 리는 없겠지.

신문왕이 왕에 올라 경흥을 국로(國老)로 삼았다. 경흥은 삼랑사에서 지냈는데 갑자기 병이 들어 한 달 남짓 계속되었다. 그러자 어떤 비구니가 병문안을 왔는데,『화엄경』에 나오는 좋은 친구가 병을 고쳐 준다는 이야기를 하며 이렇게 일러 주었다.

"지금 스님의 병은 근심으로 인해 생긴 것이니 기쁘게 웃으면 나을 것입니다."

그러고는 이내 열한 가지 탈을 만들어 광대들의 춤 놀이를 지어 보여 주었다. 뾰족하기도 하고 깎은 듯도 하며, 그 변하는 모습이 말로는 다 표현할 수 없어 웃다가 턱이 빠져나갈 정도였다. 이로 인해 경흥 법사의 병은 저도 모르게 말끔히 나았다. 얼마 후 비구니는 문을 나서 금세 남항사로 들어가 사라졌는데, 그녀가 들

가장 뛰어난 자도 도움을
받아야 하는 나약한 존재일 뿐.

81

고 있던 지팡이가 11면 관음보살상을 그린 탱화 앞에 놓여 있었다.「감통」〈경흥이 성스러운 존재를 만나다〉

　　문무왕 다음으로 왕위에 오른 신문왕은 경흥을 국로로 삼았어. 국로가 국사와 같은 것인지에 대해서는 말들이 많지만, 말 그대로 국가의 원로쯤으로 풀이해 보면, 높은 지위에 오른 것은 분명해. 그런데 그가 고향을 떠나 경주 근처의 삼랑사라는 절에 오면서 문제가 발생했어. 이유 없이 아팠던 거야. 곰곰 생각해 보면 분명한 이유가 있지. 마음이 편치 않았던 거야. 왕의 명령이니까 오기는 했지만 속마음은 오고 싶지 않았을 테고, 그를 시기하는 신라의 승려들도 많았을 테니까. 경흥이 본래 어떤 사람이니? 불경에 달통해서 명망이 높은데도 이깟 일을 만나서는 속수무책인 거야.

　　이럴 때 웬 비구니가 나타나. 여자 스님 말이야. 불쑥 나타나더니 희한한 대비책을 내놓고 있어. 한마디로 너무 심각하게 생각지 말고 기쁘게 웃으라는 거야. 그러더니 스스로 탈바가지를 만들어 쓰고 광대놀음을 하면서 경흥을 웃게 만들었지. 그로써 모든 병이 말끔히 나았다고 했으니 신통한 처방이지. 그런데 곧바로 반전이 일어나. 그 비구니가 알고 보니 관음보살이었다는 거야. 보살이 경흥을 딱하게 여

역시 공부 스트레스에는 구르는 게 최고!

겨서 깨쳐 주려 나타난 것이지. 온 나라를 통틀어 가장 뛰어나다는 승려도 보살 앞에서는 도움을 받아야 하는 나약한 존재인 셈이야.

문수보살의 지팡이

이것으로 모든 문제가 깨끗이 풀린다면 얼마나 좋을까만, 이번에는 또 다른 문제가 생겨나고 말아. 산 넘어 산이라더니 참.

어느 날 경흥이 궁궐로 들어가려던 참이었다. 수행원이 동문 밖에서 미리 준비를 했는데, 말과 안장이 매우 호화롭고 가죽신이며 갓 등등이 쭉 펼쳐져 있었다. 행인들은 모두 길을 피해 비켜서도록 하였다.

그때 어떤 거사가 초라한 외모에 손에 지팡이를 쥐고 등에 광주리를 지고 와서는 말을 타고 내리는 곳에 걸터앉아 쉬고 있었는데 광주리 속에는 말린 고기가 보였다. 수행원이 그를 꾸짖었다.

"네가 중의 차림을 하고 있으면서도 어찌하여 더러운 물건을 지고 있는 거냐!"

그러자 거사가 대답했다.

스트레스가 너무 심했나 봐.

"두 다리 사이에 살아 있는 고기를 끼고 있는 것하고 시장에서 파는 말린 고기 세 개를 지고 있는 것 가운데 어느 쪽이 더 잘못이 겠소?"

그는 말을 마치자마자 자리를 털고 일어났다.(『감통』〈경흥이 성스러운 존재를 만나다〉)

앞서 보았듯이 경흥은 관음보살의 도움을 받아 병을 고치고 마음 편히 벼슬을 했지. 그런데 이번에는 또 다른 문제가 생기고 말았어. 아까는 너무 움츠리며 쭈뼛대는 게 병이더니, 이제는 너무 거드름을 피우는 것 같잖아. 물론 경흥의 수행원이 그랬다고는 하지만, 말을 호 사스럽게 꾸미고 지나가는 사람들이 길을 피하도록 한 것은 경흥이 묵인했기 때문에 가능했을 거야. 불교에서는 사람은 물론 모든 동물 들도 윤회를 한다고 믿어. 그렇기 때문에 살아 있는 동물을 죽이는 것 을 금하고, 육식도 하지 않잖아. 그런데 말에 안장을 얹고 가죽신을 신는 행위가 사실은 동물을 업신여기는 거야. 믿음과 행동이 일치하 지 않는 셈이지. 이번에는 초라한 행색을 한 남자가 나타나서 경흥을 일깨워 주고 있어. 말 잔등 위에 올라앉아서 말린 고기 몇 개를 지고 있는 남더러 무어라 할 게 아니라, 오만한 자신의 태도부터 돌아보라

너무 움츠려도 병! 너무 뻗대도 병!

고 말이야. 이 거사 또한 앞의 비구니처럼 보통 인물이 아님을 알 수 있어. 좀 더 읽어 보면 그 점이 분명해.

경흥이 문을 나서다 그 말을 듣고는 즉시 사람을 시켜 쫓아가 보게 했다. 거사는 남산 문수사의 문밖에 이르러 광주리를 내던지고 사라졌는데 지팡이는 문수보살상 앞에 놓여 있었고, 말린 고기인 줄 알았던 것은 소나무 껍질이었다. 심부름 갔던 사람이 돌아와서 그대로 보고하자 경흥은 그 말을 듣고는 크게 탄식했다.

"큰 성인께서 오셔서 내가 짐승을 타고 다니는 걸 주의를 주신 것이로구나!"

경흥은 그 후 죽을 때까지 다시는 말을 타지 않았다.「감통」〈경흥이 성스러운 존재를 만나다〉

문수보살은 본래 잘못된 일을 엄하게 꾸짖는 보살이었다고 해. 앞 이야기에서는 움츠러들어서 생긴 문제를 관음보살이 쉽게 털어 버리게 했다면, 뒷이야기에서는 너무 거만하게 처신하는 문제를 문수보살이 넘어서게 한 것이지. 관음보살과 문수보살이라는 특별한 존재 앞에서 인간은 매우 하찮은 존재야. 경흥이 공부를 많이 해서 명망이 높고 임금까지 우러러볼 만한 인물이었어도, 때로는 나약하여 벌벌 떠는가 하면 때로는 기고만장하여 겸손함을 잃어버리기도 하는구나. 인간이라면 누구나 갖는 한계일 거야. 비록 불교라는 종교에 기대 말하고 있지만, 이 이야기는 그러한 이치를 잘 보여 주고 있는 것 같아.

그러니 앞으로 네게도 그런 상황이 닥쳐올 때 크게 걱정하지 않았으면 좋겠구나. 때로는 웃으면서 때로는 진지하게 풀어 가면 된단다. 우리보다 나은 사람들, 우리보다 먼저 그런 문제를 겪은 사람들, 인간의 힘을 넘어서는 또 다른 힘이 세상에는 많이 있으니 말이다.

이 점에서 알천공이나 원효, 경흥이 일러 주는 것들은 서로 다른 듯해도 한 가지가 아닐까 싶어. 우리가 남보다 조금 더 낫다고 우쭐대는 순간에도 우리보다 훨씬 더 나은 인물이 있을 수 있다는 것, 또 어떤 경우에는 아예 이길 수 없는 높은 경지에 있는 사람도 있다는 사실을 알고 겸손해지는 것, 그래서 그들을 본받아 더 나은 인물이 되도록 힘써야 한다는 것이겠지. 아니, 우리가 그런 사실을 아는 것만으로도 벌써 더 높은 데 올라 있는지도 몰라.

지원아, 주위를 한번 둘러보렴. 어디 그런 대단한 사람들이, 대단한 존재들이 있는지…. 만약 주위에 그런 사람이 있다면 우선 네게 큰

축복이고, 또 그 상대에게도 네가 있는 게 다행한 일일 거야. 좀 이상한 말처럼 들리겠지만, 세상을 보람차게 살아가는 방법 중의 하나는 좋은 적을 만나는 거라고 해. 너무 모자란 적수를 두게 되면 쉽게 교만해져서 스스로를 갈고닦을 기회를 놓치게 돼. 반대로 너무 대단한 적수를 두게 되면 기가 꺾여서 그나마 가지고 있던 기량도 제대로 펼치지 못하게 되고 말이야.

주변에 좋은 사람들이 많을 때 인복이 있다고 표현하는데, 인복이라는 게 별 게 아니야. 나에게 좋은 경쟁 상대가 되어서 갈고닦을 기회를 주는 사람, 내가 존경하며 받들 수 있는 사람, 내 잘못을 일러주는 사람, 내가 좀 모자라도 다시 일어설 수 있게 하는 사람, 그런 사람들이 많으면 되거든. 지원이는 꼭 인복이 많은 사람이 되면 좋겠구나.

최고의 자리에 오를수록 겸손 또 겸손

원효 스님과 의상 스님은 누가 더 똑똑한가?

원효(617~686)와 의상(625~702)은 늘 서로 비교가 되는 라이벌입니다. 라이벌이 되려면 서로 1, 2등을 다투는 것처럼 맞서야 하는 법이고, 이 두 분 역시 같은 시대를 산 빼어난 고승들이셨습니다. 다만 그들이 그렇게 비교가 되는 것은 서로 다른 점이 두드러졌기 때문입니다. 이야기에서 보았듯이 원효는 틀을 깨고 자유롭게 깨침을 얻어 갔던 데 비해, 의상은 정해진 대로 성실하게 정진하는 스타일이었습니다. 물론 두 분 다 훌륭한 승려였지만 기질이나 공부 방법 등이 달랐던 것입니다.

원효와 의상은 불교 공부를 위해 함께 당나라 유학길에 올랐습니다. 그러나 원효는 가던 중에 어느 동굴에선가 물을 마셨는데 나중에 보니 그게 해골에 담긴 물이었다고 하지요. 그래서 거기에서 깨침을 얻고 발길을 돌려 신라에서 공부했다고 전해집니다. 실제 그랬는지는 확인할 길이 없지만, 그런 이야기가 전해지는 걸로 보아서 원효의 성격은 분명합니다. 막힘없이 하고 싶은 대로 해 나가는 당찬 면이 있었습니다. 승려의 신분으로 요석 공주와의 사이에서 설총을 낳은 것도 그런 면 중의 하나이고요. 이에 비하면 의상은 당나라에 건너가 지엄이라는 큰스님 밑에서 화엄학을 제대로 배워 온 학자 중의 학자였습니다. 조금의 흔들림도 없이 집중하여 공부를 해 나간 분이지요.

사람들이 흔히 원효에 많이 끌리는 까닭은 그가 막힘없이 시원시원하게 해 나가는 모습이 마음에 들었기 때문일 것 같습니다. 게다가, 그 출신으로 따지더라도 의상은 귀족 집안 출신이고 원효는 그만 못했던 것으로 알려져 있어서 심정적으로도 원효에 더 끌리지 않았을까 합니다. 그러나 두 분 모두 우리 불교사에서 없어서는 안 될 큰 공을 세웠으며, 삼국 통일을 전후로 전란에 지친 백성들을 어루만지는 데 크게 기여했습니다.

다섯째 놀이. 임금님 귀는 당나귀 귀

경문왕의 두건

지원아, 이젠 『삼국유사』의 이야기가 어떻게 돌아가는지 좀 알 것 같니? 이야기는 마치 살아 있는 것처럼 아주 사소한 데서부터 시작되어 점점 커져 가는 거야. 잘 보면 하나의 이야기 안에 아주 작은 이야기들이 한데 어우러져 있기도 하지. 이 이야기에 저 이야기가 덧보태지면서 큰 이야기를 만들어 나가는 거야. 너도 잘 알고 있는 『삼국유사』 속의 〈임금님 귀는 당나귀 귀〉 같은 게 바로 그렇지.

여기에 무슨 복잡한 이야기들이 숨어 있냐고? 옛날에 어떤 임금님이 있었는데 귀가 길었고, 그 비밀을 아는 사람이 하나 있었지만 말을 할 수 없었고, 결국 어딘가에 가서 "임금님 귀는 당나귀 귀래요!"라는 말을 하는 뻔한 이야기인데 말이야.

그렇지만, 이 이야기는 그리 간단한 게 아니란다. 우선, 여기저기 엇비슷한 내용으로 전해지고 있어. 황금 손의 주인공으로 알려진 그리스 신화의 미다스 왕 이야기로도 전하고, 비밀을 아는 사람이 이발사로 나오기도 하며, 당나귀 대신 산양이 등장하는 식으로. 프랑스, 루마니아 같은 유럽은 물론 몽고에도 비슷한 이야기가 있는 걸 보면, 전 세계에 골고루 전해지는 이야기인 거지. 널리 퍼져 있는 이야기라는 뜻에서 '광포(廣布) 설화'라고 한다. 『흥부와 놀부』나 『콩쥐 팥쥐』 같은 경우도 엇비슷한 이야기들이 다른 나라에 많이 전해지지. 널리 전해지는 이야기일수록 그만큼 중요하고 의미도 깊다고 할 수 있어. 그런데 〈임금님 귀는 당나귀 귀〉가 『삼국유사』에 실려 있어서 흥미롭지. 먼저 우리들이 잘 아는 그 대목을 보자.

신라 제48대 경문왕이 왕위에 오른 후, 귀가 갑자기 당나귀 귀처럼 자랐다. 왕비와 궁궐 사람들 모두 이를 몰랐지만 복두장이 한 사람만이 알고 있었다. 그러나 그는 평생 말하지 않다가 죽을 때가 되어 도림사 대숲 가운데로 들어가 아무도 없는 곳을 향해

왜 길어진 귀를 감추고 싶어 했을까?

외쳤다.

"우리 임금님 귀는 당나귀 귀라네!"

그 후로는 바람이 불면 대숲에서 이런 소리가 들려왔다.

"우리 임금님 귀는 당나귀 귀라네!"

왕은 그것을 싫어하여 대나무를 베어 버리고 산수유를 심었다. 그러자 바람이 불면 그저 이런 소리가 들릴 뿐이었다.

"우리 임금님 귀는 길다네!"「기이2」〈제48대 경문대왕〉

내용을 간단히 추리자면 이래. 어떤 임금이 있었는데 우연히 귀가 길어졌어. 그는 자신이 그렇게 된 것을 남에게 알리고 싶지 않았지. 누구든 못난 부분은 감추고 싶어 하는 법이어서, 임금도 모자 같은 것으로 교묘하게 가리곤 했겠지. 그렇지만 도저히 숨길 수 없는 사람이 하나 있었어. 두건을 만드는 복두장이지. 서양 이야기에서는 이발사로 나오는데, 거기서는 귀를 머리카락으로 가렸기 때문에 그랬을 거야. 아무튼 그 비밀을 알게 된 복두장이는 그걸 말하고 싶어 못 견딜 지경이 되었고, 그래서 아무도 모르게 대나무 밭에 가서 "임금님 귀는 당나귀 귀라네!"라고 소리를 치게 된 거야.

속이나 시원하자고 그랬을 텐데 웬걸, 그 뒤로는 대밭에서 계속 그

누구에게나 감추고 싶은 비밀이 있어요.

런 소리가 들렸다지. 마치 녹음기에 대고 말한 것처럼 말이야. 실제로 대나무는 퉁소 같은 악기를 만드는 나무여서 소리를 담는 그릇으로 여겨지곤 했지. 속이 텅 비어서 거기에 소리를 담아 울린다고 말이야. 그런데 임금이 그 사실을 알고는 대나무를 다 베어 내게 했더니, 이번에는 좀 부드럽게, 그냥 "임금님 귀는 길다네."로 바뀌었어. 임금님 귀가 길다는 그 사실만은 끝내 감출 수가 없었던 거야.

그렇다면, 이 이야기가 담고 있는 의미는 뭘까? 진실은 감출 수도 없고 감추어서도 안 된다는 말을 하고 싶은 거겠지. 임금의 귀가 길어진 것은 엄연한 사실인데, 그것을 마치 그렇지 않은 양 가린다고 해도 끝내 숨길 수는 없다는 거야. 모자로 가려도 모자 만드는 사람은 알고, 모자 만드는 사람이 다른 사람에게 말을 안 해도 대나무를 통해 알려지고, 대나무를 아주 베어 버려도 그 소리까지 없애지는 못했잖아. 무슨 방법을 써도 사실은 알려지니까 공연히 헛수고하지 말라는 경고 같기도 하지.

임금님은 하필 귀가 길어졌을까?

여기서 도저히 감출 수 없는 사실은 대체 무얼까? 물론 귀가 커진 것이겠지만, 그것이 정말 귀이기만 할까? 피노키오처럼 코가 커질 수도 있었을 텐데, 하필이면 귀인 이유는 무엇일까? 그리고 임금님이 결사적으로 자신의 비밀을 지키려 애쓴 이유는 무엇일까? 그런 궁금증을 해결하려면, 임금님 귀가 길어지기까지의 이야기를 읽어 보면 돼. 그런 게 있냐고? 잘 들어 봐. 아까 읽은 곳의 바로 앞 대목이야.

　　왕의 이름은 응렴으로, 열여덟 살에 화랑이 되었다. 스무 살이 되자 헌안 대왕은 그를 불러 궁중에서 잔치를 베풀며 물었다.
　　"자네가 화랑이 되어 사방을 돌아다니며 놀았는데 무언가 좀 특별한 걸 보았는가?"
　　응렴이 아뢰었다.
　　"신은 행실이 아름다운 사람 셋을 보았습니다."
　　왕이 말하였다.
　　"그 이야기를 내게 들려주게나."
　　응렴이 말하였다.
　　"사람됨이 남들 위에 있을 만한데도 겸손하여 아래에 있는 사람이 하나이며, 부유한데도 옷차림이 검소한 사람이 그 둘이며, 본디 존귀하고 세력이 있지만 그 힘을 쓰지 않는 사람이 셋입니

필사적으로 귀를 감추려고 했다고요?
그렇다면 귀에 ....

다."

왕은 그 말을 듣고 그 어진 성품을 알았으며 자기도 모르게 눈물이 흘러나왔다.

"내게 두 딸이 있는데 자네를 남편으로 받들게 하고 싶네."

응렴은 자리를 벗어나 절을 하고 머리를 조아리며 물러나와 부모에게 고했다.「기이2」〈제48대 경문대왕〉

이제야 "임금님 귀는 당나귀 귀"의 실제 주인공이 누구인지 구체적으로 나오는구나. 신라 제48대 경문왕이 바로 그 사람인데, 그가 왕이 되기 전의 일이 나오고 있지. 경문왕 이전의 왕인 헌안왕이 그를 불러다 잔치를 하면서 오고 간 문답이야. 옛날에 왕은 궁궐을 함부로 비울 수가 없었어. 지금처럼 교통과 통신이 발달하지 않은 상황에서 뜻밖의 사태를 만나면 나라를 지키기 어려웠기 때문이겠지. 그래서 바깥을 돌아다닌 사람을 불러다 그 경험담을 듣곤 했거든.

그런데 응렴이 말한 내용을 잘 살펴보렴. 행실이 아름다운 사람을 셋 꼽았는데, 가만 보면 별 게 아니야. 사람됨이 훌륭한데 낮은 자리에 있으며, 부유한데 검소하며, 권세가 있는데 함부로 쓰지 않는 사람이야. 한마디로 자기가 가진 것을 마음대로 행사하지 않는 사람들인

그렇지! 이제야 삼국유사를
읽을 줄 알게 되었구나!

것이지. 네가 보기에는 어쩌면 그런 사람들이 한둘이 아닐 텐데 공연히 호들갑을 떤다고 할지도 모르겠고, 또 실제로도 그래. 훌륭한 사람인데 표시 안 나게 겸손히 지내는 사람들도 많으니까 말이야. 그러나 응렴은 특별히 그런 사람들을 아름답다고 했고, 임금은 그 말에 감격해서 눈물까지 흘리고 있구나. 그렇다면 이게 무슨 말이겠니? 그 시절에는 그런 사람들이 극히 드물었다는 말이겠지. 그런 사람이 흔하다면 굳이 아름답다 치켜세울 일도 없고 임금이 그렇게 눈물 흘릴 리도 없을 테니까.

이 이야기는 당시 사회상에 대해서 별말을 하지 않는 것 같지만 사실은 충분히 말하고 있는 셈이지. 별일도 아닌 선행을 하는 사람들이 적었고, 그런 선행을 보고 와서 말해 주는 사람에게 감동할 정도로 어지러웠단 뜻이기도 해. 어찌 보면 좀 우스운 일이기도 한데, 문제는 그 다음이 더 심각해. 왕이 응렴이 말하는 데 감동해서 자기 사위로 삼고 싶다고 하잖아. 임금의 사위라면 대단한 자리이기도 하지만, 헌안왕에게 아들이 없었으니까 사위가 된다는 것은 임금이 될 수 있다는 뜻이기도 하거든.

왕이 그런 자리에 자신을 앉히겠다고 했을 때, 겸손한 사람이라면 어떻게 해야 했을까? 응렴이 제 입으로 아름다운 사람이라며 칭찬

귀는 무엇을 상징할까?

한 부류의 인물이었다면 당연히 사양하는 게 도리겠지. 그가 한 일이라고는 세상 구경을 하고 와서 본 것을 전한 것뿐이야. 특별한 선행도 드러나지 않아. 그런데 임금이 제안을 하자 응렴은 사양하지 않고 그냥 물러나 와. 그렇게 하겠다는 뜻이지.

말과 행동이 다르다면?

우리가 남들과 이야기를 할 때, 조심해야 할 게 바로 그런 거야. 누군가 그럴듯한 말을 해서 멋져 보일 때, 그 사람이 말한 대로 사는가를 보렴. 남들에게는 책을 읽으라고 입버릇처럼 말하면서 정작 자신은 일 년 내내 책은 고사하고 신문 한 줄 안 보는 사람이라면 그런 사람을 믿을 수는 없겠지. 그런데 헌안왕은 응렴의 말만 듣고 그를 사위로 삼겠다고 하고 있어. 이제 이야기의 뒤를 조금 짐작할 수 있겠지?

부모가 놀라 기뻐하며 자제들을 불러 모아 의논하였다.
"큰 공주는 못생겼지만 작은 공주는 아름답다. 작은 공주에게 장가들면 다행이겠다."

듣는 거요? 귀가 크면 잘 들릴 것 같은데.

응렴이 이끄는 무리 가운데 우두머리인 범교사가 이 소문을 들고 집으로 찾아와 응렴에게 물었다.

"임금님께서 공주를 공의 아내로 삼는다는 게 사실입니까?"

"그렇소."

"그렇다면 누구를 선택하시겠습니까?"

"부모님께서는 동생을 선택하라 하십니다만."

"공께서 동생을 택한다면 나는 공의 눈앞에서 죽을 것이오. 그러나 큰 공주를 맞아들인다면 반드시 세 가지 좋은 일이 있을 것입니다. 명심하십시오."

"명한 대로 듣겠소." 「기이2」〈제48대 경문대왕〉

이야기는 점점 흥미진진해지고 있어. 옛날의 결혼이야 지금처럼 당사자들끼리 연애를 해서 이루어지는 것도 아니고 그저 부모가 정해 주는 대로 한다고 해도, 어째 이 결혼은 너무도 순수하지 못하지. 임금의 명령을 거역할 수 없어 마지못해 따를 수밖에 없다면, 미모를 떠나서 큰딸을 맞아들이는 게 예의야. 그런데 집안 어른들이 모여서 큰 공주는 못생겼으니 작은 공주에게 장가들라고 하자 응렴은 그렇게 하겠다고 하지.

그렇지. 잘 들으라고 귀가 커지는데 그걸 모자로 막은 거야.

만약 자신이 칭송했던 미덕을 갖춘 인물이었다면 최소한 이쪽에서 그 뜻을 따를 수 없다며 한 번쯤은 거절할 수도 있는 일인데 응렴은 그렇지 못했어. 게다가 범교사라는 사람이 나타나서 큰딸을 선택하면 좋은 일이 있을 거라 말하자, 마음이 확 바뀌어. 철저하게 이익을 좇아 움직이는 거지.

자, 그 결과가 어떻게 되었을까? 물론 응렴은 나중에 왕이 되는 인물이니 뜻대로 되었겠지. 조금만 더 읽어 볼까.

얼마 후, 왕은 혼삿날을 잡아 사람을 보내 일렀다.

"두 딸은 오직 공이 명한 대로 할 것이오."

왕이 보낸 사람이 돌아가 응렴의 뜻을 전해 올렸다.

"맏공주를 받들겠다고 합니다."

그 후 석 달이 지나고 왕의 병이 위중해지자 왕은 신하들을 불러 말했다.

"내게는 아들이 없으니 죽은 뒤에는 맏사위인 응렴이 이어받도록 하시오."

이튿날 왕이 죽자 응렴은 왕의 유언에 따라 왕위에 올랐다. 그러자 범교사가 와서 아뢰었다.

무슨 왕이 듣는 걸 싫어한대요?
왕 자격이 없네.

"제가 말씀드렸던 세 가지 좋은 일이 이제 모두 이루어졌습니다. 큰 공주에게 장가들어 지금 왕위에 오른 것이 그 하나이며, 전에 그 아리따움을 흠모하던 동생을 쉽게 얻을 수 있게 된 것이 그 둘이며, 큰 공주에게 장가들어 돌아가신 임금님 내외분께서 매우 흡족해하신 것이 그 셋입니다."

왕이 그 말을 고맙게 여겨 그에게 '대덕' 벼슬을 내리고 금 1백 3십 냥을 내려 주었다. 왕이 죽자 시호를 '경문'이라 했다.[기이2]

<제48대 경문대왕>

이제 응렴의 사람됨을 하나하나 살펴보자. 왕이 어느 딸을 고를지 알아서 정하라고 하자 그는 큰딸을 골랐어. 그런데 그 이유가 순수한 마음에서 나오지 않고 범교사가 정해 준 계책에 따른 것이었지. 겉으로는 인물을 보지 않고 큰 공주를 택한 것처럼 보였지만 사실은 미모의 작은 공주를 택하려다가 더 큰 이익을 바라고 마음을 바꾸었던 거잖아. 그러니 그가 인품이 좋다고 할 수는 없어. 게다가 작은 공주까지 아내로 맞아. 지금은 상상도 할 수 없지만 옛날에는 임금이 되면 아내의 자매까지도 거느릴 수 있었어. 드물기는 해도 불가능한 일은 아니었지.

더 큰 문제는 한 일도 없이
왕이 되었다는 거….

결국 큰 공주와 작은 공주 둘 다 아내로 삼는다는 것인데, 문제는 응렴의 태도야. 그렇게 말하는 범교사에게 어떻게 그럴 수 있겠느냐며 거부하는 게 아니라 거기에 대해 고마워하고 있어. 더욱 놀라운 것은 범교사에게 '대덕'이라는 벼슬을 내린다는 거지. 범교사에 붙은 '-사(師)'는 화랑이자 승려였던 사람에게 붙던 명칭이었고, '대덕(大德)'은 말 그대로 덕이 큰 인물, 그러니까 덕이 큰 승려에게 주던 명예로운 호칭이야. 임금이 될 수 있도록 꾀를 낸 인물에게 대덕이라는 칭호를 주고, 많은 금까지 내린 거지. 승려에게, 더구나 덕이 많은 승려에게라면 금붙이가 무슨 소용이겠어? 왕이 될 인물이 아닌 사람이 왕이 되게 하도록 애를 쓴 사람에게 그런 재물을 내렸으니 당시 상황이 어떠했는지 알 만하지.

왕의 침실에 뱀이 모여들다

이야기는 재미있게 이어 나가지만, 그 이야기를 만들어 낸 현실은 매우 복잡했다는 걸 알겠지? 그 다음 대목을 읽으면 금세 알 수 있어.

　　왕의 침실에는 매일 저녁 수많은 뱀들이 모여들었다. 궁궐 사람

아오 빡쳐! 복두장이 마음을 알 것 같아요.
얼른 SNS에 올려야 해.

들이 겁을 내 쫓아내려 하자 왕이 말했다.

"과인은 뱀이 없으면 편히 잘 수가 없소. 뱀을 쫓지 마시오!"

왕이 잘 때는 매번 뱀들이 혀를 내밀어 가슴 위를 뒤덮었다.[7]

이2」〈제48대 경문대왕〉

너무 괴상하지? 누군가 이런 일이 정말 있었느냐고 물어 온다면 난 감한 일이야. 뱀들이 가슴을 뒤덮고 혀를 날름거리고 있는데 잠을 잔다는 게 어떻게 가능하겠니? 뱀들 때문에 임금에게 쉽게 다가갈 수 없는 상황을 드러내는 거라고 봐야겠지. 누군가 무슨 말을 전하려 해

도 뱀들이 있어서 가까이 갈 수 없고, 그 뱀을 없애려 하면 임금이 불편해하는 딱한 상황이 벌어지고 있는 거지. 그렇다면 이 뱀은 실제의 뱀이 아니라 다른 무언가를 상징하는 것으로 봐야 해. 임금 편에서 보자면 자신을 보호해 주는, 그래서 함께 있어야 마음이 편한 존재이지만, 다른 사람들 편에서 보자면 임금과 소통하는 것을 막는 눈엣가시 같은 존재 말이야.

사람들은 임금에게 가서 무언가 말하고, 또 임금의 말을 가까이서 들어 보려 애를 써. 그런데 임금 가까이에는 그것을 방해하는 존재가 도사리고 있어. 이는 앞서 본 이야기와 연관된 것이기도 하지. 애당초

응렴은 임금이 될 수 있는 사람이 아니었어. 특별한 자격을 갖지 않은 탓에 후보가 될 수 없는 인물이었는데, 우연치 않게 임금에게 보고하는 자리를 갖게 되고, 임금이 제안한 사위 자리를 사양하지 않았으며, 범교사의 계책을 충실히 따른 까닭에 임금이 될 수 있었지. 여러 일들이 겹쳐서 겨우겨우 왕위에 오른 거야. 이런 경우 임금이 된 뒤에 힘을 발휘하기가 쉽지 않아. 정당성을 의심하는 사람이 많을수록 언제 임금의 자리에서 쫓겨날지 불안한 법이야. 그러니까 주위에 숱한 호위병이나 신하들을 배치했겠고, 그들이 없다면 불안한 나날이 계속되었겠지. 그 상황이 뱀과 함께 자는 모습으로 묘사되고 있는 거야.

역사책인 듯 역사책이 아닌 듯

이쯤에서 『삼국유사』의 성격을 되짚어 볼 필요가 있겠다. 이 책은 딱히 역사책은 아니지만 그렇다고 역사책이 아닌 것도 아니야. 말이 좀 이상하다고? 역사책에서 기술하듯이 조목조목 사건을 기술하지는 않지만, 재미있는 설화 한 편을 보여 주면서 역사책에 있을 만한 내용을 담아내는 거지.

『삼국사기』 같은 역사책에서 실제로 헌안왕 때의 사회와 민심이 어떠했는지, 또 경문왕 때의 통치 사정이 어떠했는지 살펴보는 것도 좋겠다.

○ 여름 4월에 서리가 내렸다. 5월부터 가을 7월까지 비가 내리지 않았다.(현안왕 2년)

○ 봄에 곡식이 귀해 사람들이 굶주리자 왕이 사신을 보내 구휼하게 하였다.”(현안왕 3년)

○ 겨울 10월에 복숭아나무와 오얏나무가 꽃을 피웠다. 11월에 눈이 내리지 않았다.”(경문왕 3년) (*모두 음력이어서 1~3월은 봄, 4~6월은 여름, 7~9월은 가을, 10~12월은 겨울에 해당된다.)

이처럼 실제 역사책에 실려 있는 내용을 보면 나라 곳곳이 평안치 않았다는 것을 알 수 있어. 예전에는 천재지변 등으로 나라의 안위를 살폈는데 이런 기술이 많은 것은 그만큼 나라 사정이 어려웠다는 뜻이야. 게다가 경문왕 대에 이르면 여기저기서 반란을 일으키는 일까지 생겨나.

○ 겨울 10월에 이찬 윤흥이 아우 숙흥, 계흥 등과 함께 반역

왜 사악한 자를 뱀 같다고
하는지 알 것 같아요.

휘이~
휘이~

을 꾀하다 일이 발각되자 대산군으로 달아났다.(경문왕 6년)

○ 봄 정월에 이찬 김예와 김현 등이 반역을 꾀하다 처형당했다.(경문왕 8년)

○ 5월에 이찬 근종이 반역을 꾀해 대궐을 침범하자 금군을 내보내 물리쳤다.(경문왕 14년)

보다시피 경문왕이 왕이 된 것에 대해 불만을 품거나, 경문왕이 아닌 다른 왕을 내세워야 한다는 사람들이 많았던 거지. 경문왕이 주변에 뱀들이 없으면 불안해한 까닭을 알 수 있게 하는 대목이야.

우물 속에서 사는 용

지원아, 이런 이야기가 끝나고 나면 맨 앞에서 봤던 "임금님 귀는 당나귀 귀!" 대목이 나온단다. 쭉 읽어 나가면서 그 부분을 만나게 되면 아주 새로운 느낌이 들겠지. 임금님 귀가 커진 비밀을 알았잖아. 어렵사리 임금이 되어서 이제는 백성들을 위해 모든 것을 열어 두어야 하는데, 자꾸 자신의 안위만을 걱정하는 것 같으니까 신하와 백성들이 못마땅하게 여겼던 거지. 그러니 귀가 자꾸 커진다는 것은, 이제

임금의 귀가 커지는 건 제발 백성들의 소리를 들어 달라는 뜻이군요.

제발 백성들의 소리를 들어 달라는 간절한 소망이 드러난 것이고, 임금이 그 소망을 알아채지 못하자 복두장이가 나서서 직접 말로 이야기하고, 그래도 임금이 듣기 싫어하여 대나무를 베었지만 끝내 어찌질 못했다는 것이지. 경문왕이 죽던 해의 『삼국사기』 기술을 보면 그의 통치를 바라보는 역사가의 시선이 절로 느껴진단다.

봄 2월, 경주와 나라 동쪽 지역에 지진이 있었다. 혜성이 동방에 나타났다가 이십 일 만에 사라졌다. 여름 5월, 용이 궁궐 우물에 나타났는데, 곧이어 구름과 안개가 사방에서 모여들자 날아갔다. 가을 7월 8일에 왕이 죽었다.(『삼국사기』 「신라본기」 〈경문왕〉 15년)

잠깐 퀴즈 하나 내 볼까? "용은 어디에 살까?" 혹시 하늘이라고 생각하지 않았니? 용이 하늘을 나니까 그렇게 보일 수도 있겠구나. 우리나라에선 용은 본래 바닷속에 산다고 믿었단다. 용이 왕으로 있는 궁이 용궁이고, 그 용궁은 바닷속에 있는 거지. 그래서 동해에 사는 용왕은 동해 용왕, 서해에 사는 용왕은 서해 용왕이 되는 거고. 그런데, 이 이야기의 용을 보렴. 궁궐 우물에서 나왔다가는 구름과 안개가 모여들자 금세 사라졌다잖아. 바닷속을 호령하다가 때가 되면 하

이런 왕에게는 우물도 아깝다.

늘로 오르는 멋진 용이 아니라, 기껏해야 우물 같은 작은 곳에 있다가 구름과 안개가 모여들자 맥없이 사라지고 마는 그런 용이었어. 용은 본래 임금의 상징으로도 쓰이니까, 이 임금이 얼마나 무력했던가를 보여 주고 있는 거지.

〈임금님 귀는 당나귀 귀〉는 짧으면서도 재미있는 이야기야. 그런데 이런 이야기가 역사적인 맥락에 놓이니까 그 의미가 간단치 않구나. 아울러 훌륭한 통치자는 어떤 통치자이며 좋은 나라는 어떤 나라인지 덤으로 알게 되는 것 같다. 훌륭한 통치자가 되려면 무엇보다도 마음가짐을 바르게 해야 하겠구나. 겉모습만 보고, 말하는 것만 듣고 섣불리 판단해도 안 되고, 제 이익이나 얻겠다고 술수를 부려도 안 되겠지. 또 사람과 사람이 소통하는 것을 막아서도 안 되는 것이고.

내게는 이런 친구가 있단다. 그 친구는 내가 어려운 일이 있을 때면 늘 이렇게 말해 주더구나. "이 선생, 내가 귀를 빌려줄게. 내게 다 말해!" 너에게도 그런 친구가 있기를 바라며, 너의 귀 또한 그렇게 쓰일 수 있으면 좋겠구나. 자, 이제 앞서 읽은 대목을 다시 읽어 보렴. 처음과 아주 다르게 느껴질 거야.

왕이 왕위에 오른 후, 귀가 갑자기 당나귀 귀처럼 자랐다. 왕비와 궁궐 사람들 모두 이를 몰랐지만 복두장이 한 사람만이 알고 있었다. 그러나 그는 평생 말하지 않다가 죽을 때가 되어 도림사 대숲 가운데로 들어가 아무도 없는 곳을 향해 외쳤다.

"우리 임금님 귀는 당나귀 귀라네!"

그 후로는 바람이 불면 대숲에서 이런 소리가 들려왔다.

"우리 임금님 귀는 당나귀 귀라네!"

왕은 그것을 싫어하여 대나무를 베어 버리고 산수유를 심었다. 그러자 바람이 불면 그저 이런 소리가 들릴 뿐이었다.

"우리 임금님 귀는 길다네!"

백성들의 말에 귀 기울이는
왕이 훌륭한 통치자
아니겠니….

109

『삼국사기』와 『삼국유사』의 다른 점?

　『삼국사기』는 김부식 등이 왕명을 받들어 쓴 정통 역사서이고, 『삼국유사』는 일연 스님 개인이 불교적 관심에 기반을 두고 쓴 일종의 야사이자 생활사입니다. 따라서 『삼국사기』는 역사적인 기록들을 근거로 하여 있었던 사실을 중심으로 서술해 나간 데 반해서, 『삼국유사』는 역사 기록이 아닌 전해지는 이야기까지도 폭넓게 수록할 수 있었습니다.

　그 편찬 배경이나 시기도 달라서 『삼국사기』는 묘청의 난 등으로 어지러워진 나라를 수습하여 유교적인 통치를 강화하기 위해 서술된 만큼 합리적인 내용이 강조되면서 중국과의 관계 또한 중요시하여 사대주의적인 시각이 엿보이기도 합니다. 그러나 그보다 140년쯤 뒤에 서술된 『삼국유사』는 몽골의 침입 등으로 혼란에 빠진 나라를 보며 민족정신을 담아내기 위해 애쓴 흔적이 있어서 민족주체성이라는 면에서 더 높은 평가를 받기도 합니다.

이 둘은 그 제목에 '삼국'이 공통으로 들어가서 엇비슷한 내용의 역사서로 오인되기도 하지만 실제로는 아주 다른 성격의 책입니다. 『삼국사기』는 각 나라별 역사를 시기순으로 나열한 「본기(本紀)」를 필두로, 관직이나 지리, 음악 등등 사회의 주요 분야의 변천을 기록한 「지(志)」, 인물이나 연도를 일목요연하게 정리한 「표(表)」, 중요 인물의 일대기를 담아낸 「열전(列傳)」 등 역사서가 갖추어야 할 공식적인 형식에 따라 일사분란하게 서술된 것입니다.

이에 반해 『삼국유사』는 「기이」 편에서 약간 역사적인 서술을 하는 듯이 보이지만, 편찬자의 시각에 따라 아무런 구속 없이 자유롭게 기술하는 방식을 택하고 있습니다. 그래서 앞부분은 건국 신화 등을 중심으로 한 역사책처럼 기술되다가, 뒤로 가면 고승들의 이야기를 담은 고승전 같기도 하고, 더 뒤로 가면 재미있는 이야기를 모아 놓은 이야기책처럼 보이기도 합니다.

여섯째 놀이. 이야기의 처음을 잡아라

이야기에도 떡잎이 있다

지원아, 너는 앞일에 대해 얼마나 생각하니? 아직 어리니까 많이 생각하겠지? "될성부른 나무는 떡잎부터 알아본다."는 말이 있지? 잘 될 사람은 미리 알아볼 수 있다는 말이야. 이야기도 그래. 이게 잘될 이야기인지, 별 재미없을 이야기인지 그 초장부터 알 수 있는 거야. 물론, 처음에는 대단했는데 나중에 시들해지는 이야기가 아주 없는 것은 아니지만, 적어도 훌륭한 이야기라면 그 처음부터 남다른 면모를 보이기 마련이야.

그러니 한 번 생각해 보렴. 새로 시작하는 드라마의 1회분을 보고 나머지 19회분을 상상하고 또 그 드라마가 어떤 수준인지 예상할 수 있는 사람이라면, 그저 다음 회 방송 시간만을 눈이 빠지게 기다리는 사람과는 차원이 다르지 않겠니? 다음 이야기를 보자.

신라 제49대 헌강 대왕 때에는 경주에서 동해 어구에 이르기까지 집들이 즐비했지만 초가집은 한 채도 없었다. 길에는 음악과 노랫가락이 그치지 않았으며 비바람마저 사시사철 순조로웠다.「기이2」〈처용랑 망해사〉)

이 이야기는 당시의 신라가 얼마나 잘살고 있었는지 말해 주고 있어. 그렇다면 다음 줄거리는 어떻게 될까? 살기가 좋았을 뿐만 아니라 날씨까지 좋았다니 무슨 걱정이 있었겠냐고? 그렇게만 진행된다면 신라 사람들이 아주 잘 먹고 잘살았다는 단순한 이야기가 되고 말거야. 무슨 재미가 있겠어? 그러니 맨 앞에 이렇게 아무런 걱정도 없는 태평성대를 누렸다는 내용이 나온다면, 그 다음은 십중팔구 "그런데~" 하고 문제가 생기기 시작했다는 식으로 방향이 바뀌어 나가기 마련이야. 정말 그런지 볼까?

이야기의 처음이 왜 중요할까?

이때 대왕은 개운포에 나가 놀다가 수레를 되돌려 오려던 차에 해변에서 잠시 쉬던 중이었다. 난데없이 구름과 안개가 자오록해지더니 그만 길을 잃고 말았다. 왕은 이 일을 괴이하게 여겨 곁에 있는 신하들에게 묻자, 날씨를 맡은 관리인 일관이 말하였다.

"이는 동해의 용왕이 일으킨 변고입니다. 좋은 일을 하여 풀어 주셔야 합니다."

왕은 그에 따라 담당 벼슬아치에게 명하여 용을 위해 근처에 절을 세우도록 하였다. 그랬더니 그 명령이 떨어지자마자 구름이 걷히고 안개가 흩어져 버려서 여기를 '안개가 걷힌 포구'라는 뜻에서 개운포(開雲浦)라고 이름 지었다.「기이2」〈처용랑 망해사〉

자, 앞에서부터 차근차근 읽어 보자. 왕이 개운포에 나갔다고 했지? 그런데 무슨 일로 나간 걸까? 나라에 중요한 일이 있어서이거나 백성들이 어찌 사나 살펴보려고 나간 게 아니구나. 힘든 일이 있어서 잠시 쉬러 갔던 것도 아니고 말이야. 여기서는 '놀러' 나갔다가 생긴 일인 것을 명확하게 밝혀 두고 있구나. 처음에 나온 이야기대로라면 온 나라가 태평성대이니 흥청망청 놀아도 괜찮을 듯싶고, 그러니 임금도 놀고 싶었을 거란 생각이 들어. 그런데 이 대목은 바로 그런 점에 대해 문제를 제기하는 것 같아.

지금도 그렇지만 높은 사람들이 나다닐 때면 최대한 안전한 곳을 택하고, 아랫사람들이 왕이 가는 길을 훤히 꿰고 있음은 물론 미리 위험 요소가 없는지 살피는 것이 당연하지. 그런데도 길을 잃었다고 했어. 난데없이 생겨난 구름과 안개가 그만큼 심했다는 뜻이야.

그래, 바로 그 지점이 우리가 생각해 볼 핵심이야. 지금이야 눈이 오든 비가 오든 다 자연 현상으로만 여기지만 옛날에는 그렇지 않았어. 그런 문제들을 전담하는 관리가 '일관(日官)'인데, 그는 바로 동해를 관장하는 용이 일으킨 변고라고 했어.

앞 장에서도 보았지만, 용은 바닷속에서 살아야 하는데 그런 용이 임금이 행차하는 길을 가로막는 일을 하고 있구나. 한마디로 있어야 할 곳에 있지 않은 거지. 축구로 치면 골키퍼가 골 에어리어가 아니라 아예 중앙선까지 넘어오는 형국이야. 이런 일을 겪자 임금은 반성하면서 절을 세워 좋은 일이 있기를 기원했고, 그러자 자욱한 안개가 걷혔어. 문제를 제대로 푼 거지.

그 결과, 동해의 용왕이 너무 기쁜 나머지 자신의 일곱 아들을 데리고 임금이 탄 수레 앞에 나타나 왕의 덕을 기리면서 춤추고 노래했다고 해. 그뿐 아니야. 자신의 아들 하나를 왕에게 맡겨 두고 갔

사건의 단서가 있기 때문!

어. 나라를 다스리는 데 잘 쓰도록 말이지. 용의 아들이니까 남다른 재주가 있겠고 그런 인물의 보필을 받게 된다면 큰 도움이 되겠지. 그가 바로 처용인데, 나중에 처용은 전염병을 옮기는 귀신인 역신(疫神)을 막는 일을 잘 해내지. 역신이 자신의 아내를 범했는데 아주 통 크게 넘어가서 역신이 깜짝 놀라 스스로 굴복하도록 한 거야. 역신이 앞으로는 처용의 얼굴만 보아도 침범하지 않겠다며 물러서는데 그 뒤로는 처용의 얼굴 모양을 대문간에 걸어 두는 것으로 역신을 막게 되었어. 아래 그림을 보면 좀 우락부락하게 생겼지?

앞이 같다고 뒤도 다 같지는 않다

이야기는 그렇게 진행되는 거야. 아무 문제없이 잘 지냈다고 시작하니까 무슨 문제가 곧바로 생기고 그 문제를 잘 풀어내니까 여전히 태평성대가 이어지더라는 식으로 말이야. 그런데 지원아, 앞이 같다고 다 똑같지는 않아. 우리가 살핀 이야기의 바로 뒤에는 다음과 같은 내용이 이어지거든. 잘 봐.

왕이 또 포석정에 행차했을 때 남산의 신이 임금 앞에 나타나

뭔가 불안 불안 해~~

잘했어요!

춤을 추었다. 곁의 신하들은 그 모습을 보지 못하고 왕만 혼자 보았다. 어떤 사람이 왕 앞에 나타나 춤을 추자 왕도 스스로 춤을 추었는데 그것을 흉내 낸 것이었다.「기이2」〈처용랑 망해사〉)

똑같은 왕의 이야기인데 앞에서 본 내용과 비슷한 부분이 있는 거 같지? 큰 이야기 속에 작은 이야기 둘이 있는 꼴인데, 그 둘의 시작 부분이 신기하게 닮아 있어. 앞의 이야기에 동해 용왕이 나타났다면 뒷이야기에는 남산의 신이 나타난 것이 다를 뿐이지. 말하자면 바다의 신이 한 번 나와서 무언가를 보여 준 다음에 다시 산의 신이 한 번 나와서 되풀이해 주는 거야.

바다의 신이든 산의 신이든, 그들이 지키는 자리에 그대로 있어 주어야만 세상이 잘 돌아가겠지. 거꾸로, 그들이 바다와 산을 떠나 다른 곳에 나타난다면 세상에 문제가 있다는 뜻이야. 옛이야기에서 이렇게 신령스러운 존재들이 나타나서 말할 때는 무언가 중요한 정보가 있다는 뜻이야. 대개 위급한 일일 경우가 많지.

문제는 그에 대한 반응이야. 기껏 나타나서 일러 주었을 때 적절하게 대처해야 하는데 그걸 놓쳐 버린다면 어떻겠니? 앞에서 용이 나타났을 때는 왕이 즉각 절을 짓도록 했잖아. 함부로 놀러 다닌 데 대한

작작 놀아. 아들 하나 놓고 갈게.
얼굴은 좀 거시기 한데 역신 잡는 덴 짱이야!

짠!

반성이 담겨 있었고, 그 덕에 나라는 다시 태평해질 수가 있었지. 그냥 다시 태평해진 정도가 아니라 덤으로 전염병까지 막을 수 있었지. 그런데 그 다음에는 달랐어. 너도 경주도 가 보고 역사 시간에 배웠을 테니 포석정이 어떤 곳인지 알지? 굽이굽이 휘도는 물길을 만들어 거기에 술잔을 띄워 놓고 술을 마시면서 노는 곳이야.

포석정에 나타난 신이 바로 남산의 신이란 게 중요해. 남산은 왕궁이 있는 중심 도시의 남쪽에 있는 산이라는 뜻이거든. 지금 서울에도 남산이 있는데 그 산의 원래 이름은 목멱산이야. 궁궐이 있는 중심에서 남쪽에 있는 산이라는 뜻이지. 서울은 조선 시대에도 수도였잖아. 수도는 한 나라의 중심인데, 그 중심을 가장 가까이에서 지탱해 주는 산, 곧 중심산이 바로 남산인 거야. 신라의 수도는 경주였고, 경주의 금오산이 바로 경주 남쪽의 중심산인 거지. 그런 중심산의 신이 나타났으니 나라에 문제가 있다는 사실을 일러 주러 온 게 분명해.

그런데 어땠니? 바다의 용이 그랬을 때는 정신을 가다듬어서 경건하게 보냈는데, 이번에는 아주 달랐어. 춤을 추는 뜻을 잘 이해하지 못하고 그저 함께 춤을 추었잖아. 그것도 일반인들의 눈에는 전혀 안 보였고 왕에게만 보였다고 하니 왕에게만 전하고자 하는 특별한 뜻이 있었다는 것을 모른 거지. 이야기를 계속해서 읽어 보면 일이 여기

사람들은 똑똑한 것 같으면서도 어리석어.

저어~~ 제 자리거든요.

에서 끝나지 않아. 나중에 왕이 여기저기 행차할 때나 궁전에서 잔치를 베풀 때 산신(山神)이나 지신(地神)이 나타나서 춤을 추었다고 해. 계속해서 말귀를 못 알아들은 거지.

　사람들은 매우 똑똑한 것 같지만 그렇게 어리석을 때가 있어. 한 번 성공하고 나면 그 다음에는 이내 방심하게 되는 일이 많아. 지난번에 잘 막았으니까 이번에도 잘 막아 보자는 생각보다는, 지난번에 잘 넘어갔으니까 이번에는 가만둬도 되겠구나 생각하는 거지. 그러면 결과는 뻔해. 망하고 마는 거야. 정말 그런지 살펴볼까.

　또, 왕이 금강령에 행차하자 북악의 신이 춤을 추어 바쳤는데 '옥도금'이라 했다. 또 동례전에서 잔치를 열 때 지신이 나와 춤을 추었는데 '지백급간'이라 했다. 『어법집』에는 이렇게 씌어 있다. "당시에 산신이 춤을 추면서 '지리다도파도파' 등등의 노래를 불렀는데, 이는 나랏일을 하는 지혜로운 사람들이 모두 알아채고 도망쳐 도읍이 장차 파괴될 것을 일러 준 것이다. 지신과 산신은 나라가 장차 망할 것을 알았기 때문에 춤을 만들어 추어 경고하였으나 나라 사람들이 알아채지 못하고 좋은 일이 일어날 징조로 여겨 탐락에 깊이 빠져든 까닭에 나라가 망하고 말았다."「기이」〈처

같은 시작 다른 결말!

결과는 나라가 망했다고 했어. 바다의 신, 산의 신, 땅의 신들이 적극적으로 나서서 경고를 보냈는데 처음에는 제대로 알아들었지만 뒤에서는 못 알아듣고 실패하고 말았구나. 이런 일이 어디 나라에만 있겠니? 사람 사는 일들도 다 그렇단다. 사소한 일들이 일어날 때마다 어떤 조짐인가 미리 알아서 대비할 수 있다면 좋겠지.

가령, 좋은 일이 계속 일어난다면, 앞으로도 좋은 일이 있을 테니 마음껏 누리는 자세도 좋지만, 한 번쯤은 경건한 자세로 마음을 다잡아 보는 거야. 안 좋은 일이 있을 때를 대비해야겠다는 마음으로 말이야. 그런 것을 예전에는 '석복(惜福)'이라고 했단다. 복을 아낀다는 뜻이지. 돈을 아껴서 나중을 대비하듯이 그렇게 복도 아껴야 한다는 것인데, 이 이야기의 헌강왕은 그러질 못했던 것 같다.

서동이 연못가에서 산 이유는?

이제 이야기를 읽어 낸다는 게 어떤 건지 알겠니? 이야기를 읽어 낸다는 것은 세상을 읽어 내는 것이기도 해. 앞뒤를 이어서 어떤 의미인지 살피고, 그 다음을 예측해 보고, 그러면서 어떻게 살아야 하는지 배워 나가는 것이지. 그러려면 처음을 잘 살펴야 하는데, 계속해서 한 편을 더 보도록 하자. 이번에는 지원이도 잘 알고 있는 〈서동요〉와 관련된 이야기야.

> 백제 제30대 무왕의 이름은 장이다. 그의 어머니가 과부로 지내면서 서울의 남쪽 못가에 집을 짓고 살았는데 못 속의 용과 관계를 맺어 그를 낳았다.「기이2」〈무왕〉

어머니가 과부라고 했고, 남쪽 연못가에 집을 짓고 살았다고 했어. 어머니가 과부라는 것은 남편 없이 여자 혼자 살아 나간다는 뜻이고, 그 자체로 아주 어렵다는 말이야. 지금이야 덜하지만 예전에는 여성이 경제 활동에 참여할 수 있는 여지가 적었고 여자 혼자 사는 것은 쉽지 않은 일이었거든. 혼자이기 때문에 경제적으로도 어렵고, 또 외롭다는 말이지.

그렇다면 이 이야기 속 인물이 겪는 결핍은 두 가지야. 하나는 가난하다는 것, 다른 하나는 외롭다는 것. 그러니까 이제 가난과 외로움이 어떻게 변화해 나가는지를 살펴보면 되겠지. 그런데 굳이 '남쪽 못가'

무왕의 어머니는 혼자 외롭고 힘들었겠다.

에 집을 지었다는 사실을 밝히고 있어. 편안한 마을의 주택지가 아니라 못가라 했으니 어렵게 살았다는 뜻이겠는데, 뒤에 보면 알겠지만 그 못이 바로 서동의 탄생과 연관되는 중요한 구실을 해. 어머니가 바로 그 연못의 용과 관계하여 무왕을 낳았던 거지.

자, 그 다음 이야기는 어떻게 전개되어야 하겠니? 뻔하다고? 그래, 네가 아는 그 이야기가 맞아. 텔레비전 드라마로도 나온 이야기니까. 그런데 거기서만 끝나 버리면 앞서 내가 강조한 의미가 사라져 버리겠지? 차근차근 생각해 보자.

다음 이야기에는 어렵게 살아가는 홀어머니와 그 아들이 나올 수밖에 없어. 가난한 사람이 아이를 낳는다고 부유해지지는 않을 테니 말이야. 그런데 그 아이는 매우 특별한 능력을 지니게 되어 있어. 왜냐하면 특별하게 태어났기 때문이지. 앞에서 설명했듯이, 보통 사람은 인간과 인간 사이에서 태어나는데 서동처럼 인간과 다른 존재 사이에서 태어났다면 특별할 수밖에 없거든.

여기에 하나 덧붙여서, 이 가족 구성원을 살필 필요가 있어. 이야기의 처음에 어머니가 과부인 것을 강조하는 걸 보면 어머니의 나이가 그리 젊지 않다고 생각해 볼 수 있어. 물론 아주 젊은데도 혼자 된 여자는 '청상과부'라거나 '매우 젊은 과부'라는 식으로 이야기에서 특별

그래, 첫 문장을 놓치지 않았구나.

좋았어!

히 다루기도 하지만. 그렇다면 이들 모자가 살아가는 일은 '늙은 어머니와 젊은 아들'이라는 틀에 담기게 돼. 이는 『나무꾼과 선녀』 같은 이야기에서도 쉽게 찾아볼 수 있지.

총각이 늙은 어머니를 모시고 살아가는 이야기라면, 제일 필요한 것은 바로 젊은 여자야. 당연히 이런 이야기는 아들의 짝이 될 만한 여성을 만나는 이야기로 이어지기 쉽겠지. 그렇다면, 이 이야기는 주인공이 어려운 환경에서 자랐으나 그 출생에서부터 비범하여 특별한 능력을 지녔고, 자신의 능력을 발휘하여 가난과 미천한 신분에서 벗어나 짝을 구하는 내용으로 전개될 거라 짐작해 볼 수 있겠지.

자라에게 밥찌꺼기를 줬는데…

이렇게 이야기의 처음을 보면 대체로 다음 이야기를 짐작할 수 있는 경우가 많은데, 그것은 이야기를 만들 때부터 특별히 어떤 내용을 담을지 정해 놓고 시작하는 일이 많기 때문이야. 그렇다고 해서 모든 이야기가 다 예측이 된다면 김빠져서 즐길 맛이 나지 않을 거야. 어느 정도까지는 예측이 가능하고 또 어떤 부분은 전혀 예상치 못한 곳으로 흘러갈 때 사람들이 더 이야기에 빠져들게 돼. 정말 그런지 이야기한 편을 더 골라 보자.

어느 날, 왕이 황룡사의 승려 지해를 궁중으로 초청하여 오십일 동안 『화엄경』을 설법하게 하였다. 사미승 묘정이 금광정이라는 우물가에서 설거지를 할 때면 우물 속에서 큰 자라가 떠올랐다가 우물 안으로 가라앉고는 했다. 묘정은 매번 자라에게 밥찌꺼기를 먹이며 그것으로 놀이를 삼았다. 설법 기간이 끝나갈 무렵, 사미승이 자라에게 말했다.

"내가 오랫동안 네게 공덕을 베풀었는데 무엇으로 보답해 줄래?"

며칠 뒤에 자라가 작은 구슬 하나를 토해 놓으며 마치 선물을 주듯 했다. 「기이2」〈원성대왕〉

먼저 등장하는 인물은 누구누구니? 지해라는 스님하고 사미승 묘정이야. 사미승은 수습 기간에 있는 스님을 말해. 이 이야기의 주인공은 묘정이야. 그렇지만 지해와 묘정은 하늘과 땅만큼이나 크게 차이가 나는 인물이지. 지해는 왕의 요청을 받고 궁중에 초대 받아 어려운 불경책을 술술 풀어내 주는 인물이고, 묘정은 그런 스승을 따라와서

사람들이 빠져 들어가는
이야기 구조는 따로 있단다.

잔심부름이나 하는 풋내기지. 그러니까 묘정이 취할 바른 태도는 거드름 피우지 않고 겸손하게 주어진 일을 하는 거란 말이야. 그런데 가만 보니 그게 아니더란 이야기지.

어디에서 그런 걸 알아챌 수 있을까? 제일 먼저 사미승이 한 일을 볼까? 얼핏 보면 잘한 일 같지만 그렇지가 않아. 묘정이 자라에게 설거지를 하고 남은 밥찌꺼기를 먹이지? 뭐 제대로 된 밥을 주지 않았다고 탓하는 게 아니야. 정성껏 주는 게 아니라 장난삼아 했다는 데 문제가 있어. 어차피 설거지하면 씻겨 없어질 것을 툭 던져 놓고는 어떻게 먹나 구경하며 재미있게 즐겼단 말이지. 본래 사미승은 불교를 공부하면서 계율을 엄격하게 지켜야 해. 쌀 한 톨 짓지 않으면서 신도들에게 얻어먹고 있으니 모든 음식에 대해 진지하고 공경하는 태도를 보여야만 하지.

그런데 묘정은 그러지 않았어. 그러니 그 뒤가 어찌 될지는 뻔히 보이지. 그뿐이 아니야. 지해 스님이 약속된 기일이 되어 떠나게 되자, 묘정은 그 자라에게 당당하게 보답을 요구했어. 별스러운 일도 안 했으면서, 그것도 자신이 스승을 따라 묵어야 하는 시간 동안 겨우 했으면서도 '오랫동안 공덕을 베풀었다'고 뻔뻔하게 말하고 있지.

결국, 보답을 요구하면 안 될 것 같은 사람이 보답을 요구하고, 군

이 보답을 할 필요가 없을 것 같은데 그에 대한 보답이 주어지고 있어. 그렇다면 그 결과는 어떻게 될까? 보답으로 받은 구슬이 대체 어떻게 될까? 그 구슬이 더 큰 보답을 불러와도 곤란하겠고, 그렇다고 봉변을 주어도 곤란할 거야. 묘정이 나쁘게 한 것은 없으니까 적당한 타협이 필요해. 아마도 보답이 주어지기는 하지만 일정한 한계를 갖게 하는 것, 그것이 최선일 거야. 정말 그런지 다음 이야기를 보자.

사미승이 그 구슬을 얻어서 허리띠 끝에 맸다. 그러자 그 뒤로는 왕이 사미승을 소중히 여겨 내전까지 불러들여 자신의 곁을 떠나지 못하게 했다. 그때, 잠간 벼슬을 하는 관리가 당나라에 사신으로 가게 되었는데 그 역시 사미승을 총애하던 터여서 함께 가자고 청했다. 왕이 허락하자 둘이 함께 가게 되었는데, 당나라 황제도 사미를 보고는 역시 총애하였고 승상과 측근의 신하들도 존중하여 그를 신임하지 않는 사람이 없었다.「기이2」〈원성대왕〉

여기까지가 보답을 받는 부분이야. 자라가 준 구슬을 받은 후에 이상하게도 모든 사람들이 묘정을 좋아하게 되었다는 거야. 너도 이런 구슬 하나 있으면 참 좋겠지. 전교생들이 다 너를 좋아하고 선생님들

일취월장 하는구나.
장하다 장해!

도 예뻐해 주시고 외국에 가도 반겨 준다면 대단한 일이 아니겠니? 묘정이 바로 그랬어. 지해 스님처럼 불교에 조예가 깊은 것도 아니고 벼슬이 높은 것도 아니며 잘생긴 것도 아닌데 모두들 빠져들었지. 그 모든 것이 다 구슬의 힘이야. 그런데, 이야기가 이렇게 끝나서는 안 되겠지. 왜냐하면 묘정이 한 짓이 그럴 만하지 못하니까. 너무 술술 풀리는 게 수상하거든. 그래서 바로 다음과 같은 내용이 등장해.

어떤 관상쟁이가 황제께 아뢰었다.

"이 사미승을 자세히 살펴도 어디 한 군데 좋은 상이 없습니다. 그런데도 사람들의 신임과 존경을 받는 걸 보면 반드시 무슨 특별한 물건을 지닌 까닭입니다."

황제가 사람을 시켜 묘정을 뒤져 보게 했고, 허리띠 끝에서 작은 구슬을 발견했다. 황제가 말했다.

"내게 여의주가 네 개 있었는데 작년에 하나를 잃어버렸다. 지금 이 구슬을 보니 바로 내가 잃어버린 그 구슬이로구나."

황제가 사미승에게 그 연유를 물어보았다. 사미승은 그간의 사연을 모두 아뢰었다. 황제가 대궐에서 구슬을 잃어버린 날이 바로 사미승이 구슬을 얻은 날짜와 똑같았다. 황제가 그 구슬을 빼앗고

는 사미승을 돌려보내자 그 뒤로는 누구도 그를 좋아하고 신임하지 않았다.「기이2」〈원성대왕〉

어떠니? 앞 이야기와 딱 들어맞지 않니? 묘정은 베푼 것이 별로 없이 원하는 게 있었기 때문에 이런 결과를 빚었어. 한마디로 본래 자신의 몫이 아닌 것을 원해서 받았으니 도로 빼앗기고 만 거야. 만약, 이야기의 처음에서 묘정이 우물에 사는 자라를 딱하게 여겨 자기 밥이라도 줄여서 주었다거나, 밥찌꺼기를 주더라도 정성을 다해 베풀었다거나, 헤어지게 될 때 더 보살피지 못하는 것이 안쓰러워 눈물을 흘렸다면 결과는 아주 달라졌을 거야. 이런 이야기를 만들어 낸 사람들은 바로 그런 점을 일러 주려 했던 것이겠지.

그러니 지원아, 이제부터는 소설을 보든 드라마를 보든, 아니 어떤 사람이 무슨 이야기를 꺼내든 그 처음을 잘 살피렴. 그 안에 거의 모든 것이 들어 있고, 그걸 아는 사람이 이야기를 휘어잡을 수 있단다. 당장, 내일 아침 1교시 수업에 선생님께서 꺼내시는 첫마디를 살펴보렴. 잘하면 그 뒷내용이 술술 풀릴 테니.

첫 문장을 강조하는 이유를 알겠지?

129

역신을 물리친 처용?

먼저 '역신(疫神)'에 대한 이해가 필요합니다. 요즘 말로 풀이하면 '전염병 신'이 되겠지요. 지금도 여름철이 되면 '방역(防疫)' 활동이라고 해서 전염병을 막기 위해 약품을 뿌리고 소독을 하잖아요. 이 '역' 이라는 글자가 바로 전염병이라는 뜻입니다. 지금도 그렇지만 과학이 발달하지 못한 시절에는 특히 전염병을 막는 일이 국가가 해야 할 중요한 일 중의 하나였습니다. 병이 왜 생기는지도 모르고 약품도 없고 하니까 두려웠을 겁니다. 그래서 여기저기 돌아다니며 많은 사람들을 죽게 만드는 전염병은 인간이 상대할 수 없는 큰 힘을 가진 신의 소행이라고 믿었지요. 그렇다면 어떻게 해야 할까요?

그래요. 어차피 못 이길 테니까 맞설 수는 없습니다. 그럴 때는 우선 간청해 보는 방법이 있겠습니다. 지금은 사라진 질병 가운데 천연두라는 게 있었습니다. 이 병이 걸리면 죽든지, 살아나더라도 얼굴에 곰보 자국이 생기는 무서운 병이었지요. 사람들은 이 병을

'마마'라고 불렀습니다. 궁궐에서 '아바마마', '어마마마' 하고 부르는 그 '마마' 말입니다. 병의 신에게 최대한 경의를 표해서 제발 나가 달라고 애원했던 것이지요. 처용의 전략 또한 크게 다르지 않습니다. '용(容)'이라는 글자에는 '용서한다'는 뜻이 있습니다. 역신이 아내를 범했다고 하는 것은 질병이 아내의 몸속에 이미 들어와 버렸다는 것입니다. 그럴 때 사람들은 분노하여 이성을 잃게 마련인데요. 처용은 이미 그렇게 된 걸 어떻게 하겠느냐며 체념했습니다.

그러자 놀라운 기적이 일어났습니다. 역신은 이렇게 관대한 사람은 못 보았다며 도리어 제 스스로 물러난 겁니다. 또 거기서 그치지 않고 이제부터는 처용의 얼굴이 걸린 곳이면 그곳으로 들어가지 않겠다고 했지요. '용(容)'에는 '얼굴'이라는 뜻도 있답니다. 아무튼 처용은 이렇게 직접 나서서 힘으로 맞서지 않고도 역신이 저절로 물러나게 했을 뿐만 아니라, 그 이후로 다른 사람들까지 그 덕을 보게 했으니 참으로 대단하지요.

일곱째 놀이. 누가 더 고수인가

광덕과 엄장의 약속

지원이는 혹시 장기나 바둑 같은 걸 두어 본 일이 있니? 나는 장기 두는 걸 좋아한단다. 초등학교 4학년 때쯤 어깨 너머로 배웠는데 따로 특별한 놀이를 즐기는 게 없으니 장기를 둘 줄 아는 사람을 만나면 즐겨 두곤 했어. 인터넷이 깔린 뒤로는 온라인 장기를 즐기기도 했지. 그런데 신기하게도 나보다 수가 낮은 사람에게는 다 질 것 같다가도 이길 때가 많고, 거꾸로 나보다 수가 높은 사람에게는 다 이긴 장기 같다가도 단번에 뒤집히는 일이 많아. 그럴 때마다 세상에는 나보다 수가 높은 사람도 있고 낮은 사람도 있다는 걸 깨닫게 돼. 수가 높

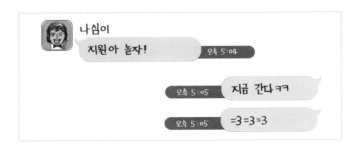

은 사람은 고수, 낮은 사람은 하수, 같은 사람은 동수라고 하지. 살다 보면 수를 가리지 않고 서로 어울리게 되는데, 그들 사이의 승패를 따져 보는 것도 재미있어.

『삼국유사』에 장기나 바둑을 두어 승패를 가려내는 이야기는 찾을 수 없지만, 엇비슷한 두 사람이 함께 겨루는 이야기는 많이 나와. 특히 스님들 이야기가 그래. 스님들은 본래 불교 공부를 열심히 해서 깨달음을 얻고자 하는 목표가 있으니까 그 목표에 누가 먼저 도달하는가 하는 것이 큰 관심이겠지. 그래서 누가 먼저 깨치는지를 두고 놀이를 하는 거야. 분명 친구인데 경쟁을 하는 거지. 다음을 보렴.

신라 문무왕 때 광덕과 엄장이라는 두 스님이 살았다. 둘은 사이좋게 지내며 항시 이렇게 약속하곤 했다.

"누구든 먼저 극락으로 가는 사람이 꼭 서로에게 알리자고!"

광덕은 분황사 서쪽 마을에 숨어 지내면서 짚신을 삼는 것으로 생계를 꾸리면서 아내를 데리고 살았다. 엄장은 남악에 암자를 짓고 화전(火田)을 일구어 농사지었다.

그러던 어느 날의 일이다. 해 그림자가 붉은빛을 띠고 소나무 그늘은 고요히 저무는 가운데 창밖에서 웬 소리가 들렸다.

어릴 때는 잘 노는 게 최고지.

"나는 벌써 서방 극락으로 간다네. 그대는 잘 있다가 속히 나를 따라오시게나."

엄장이 문을 밀치고 나가서 쳐다보니 구름 위에서 하늘나라 음악 소리가 나고 밝은 빛이 땅에 드리워졌다.

다음 날, 엄장이 광덕이 살던 곳으로 찾아가 보았더니 과연 광덕은 이미 죽어 있었다. 그는 곧 광덕의 아내와 함께 시신을 거두어 장사를 지내고 그녀에게 물었다.

"남편이 이미 죽었으니 나와 함께 사는 게 어떻겠소?"

"좋지요."

이리하여 엄장이 그 집에 머물러 밤에 잠자리를 함께하려 했다. 그러자 광덕의 아내가 부끄러워하며 질책했다.

"스님께서 서방 정토를 구하는 것은 마치 나무에 올라서 물고기를 구하는 격입니다."

엄장이 괴이하게 여겨 물었다.

"광덕도 이미 그리 했을 터인데 나는 왜 안 된단 말씀이오?"

그녀가 말했다.

"제 남편은 저와 십여 년을 동거하였지만 일찍이 단 하루도 저와 잠자리를 함께한 일이 없지요. 그러니 어찌 몸을 더럽혔겠습니

누가 먼저 해탈하나 내기할까?

이것이 선의의 경쟁!

까? 다만 매일 밤 몸을 단정히 하고 앉아서는 아미타불만 열심히 외웠을 뿐입니다. 때로는 극락세계로 가기 위해 수행 방법인 16관(觀)을 실천하기도 해서 그것이 무르익으면 밝은 달빛이 문에 비쳐 들어왔습니다. 그러면 그 빛을 타고 올라가 스님들이 참선할 때 앉는 자세인 가부좌를 틀고 앉았지요. 정성을 쏟는 게 이 정도이니 행여 서방 정토로 가지 않으려고 한들 어디로 가겠습니까? 대체로 천 리 길을 가는 자도 한 걸음에 알아볼 수 있는 법이니, 지금 스님께서 하시는 일은 동방으로 가는 것이지 서방으로 가는 것은 아닐 듯합니다."

엄장은 부끄러워 물러나 곧바로 원효 법사가 있는 곳으로 가서 도를 닦는 비결에 대해 물었다. 원효는 삽관법이라는 특별한 방법을 만들어서 그를 지도했다. 엄장은 이에 몸을 깨끗이 하고 잘못을 뉘우치며 한결같은 마음으로 관(觀)을 닦아서 역시 서방 정토에 가게 되었다.

광덕의 아내는 바로 분황사의 계집종으로, 부처님이 변신하여 모습을 나타낸 열아홉 화신 가운데 하나였다.「『감통』〈광덕엄장〉」

여기에서는 광덕과 엄장이라는 두 스님이 등장해. 둘은 친구였지.

그것도 함께 공부하는 친구로, 누구든 먼저 뜻을 이루게 될 때는 서로 알리자고 할 정도로 가까운 사이였어. 너도 친구를 사귀어서 알겠지만 어릴 때는 그냥 함께 노는 친구가 최고였지만, 이제 청소년기로 접어들면서는 그것만으로 부족한 것을 알게 되지 아마. 이제는 무언가 뜻이 맞는 데가 있어야 하는 거야. 여기 이 두 친구는 불교를 공부하는 사람인 만큼 해탈하기를 꿈꾸었고, 그래서 내기를 했겠지. 누가 먼저 해탈하는지 겨루어 보는 거야. 그런데 별로 겨루어 본 일도 없이 승패가 쉽게 나고 말았어. 어느 날 '갑자기' 광덕이 서방 세계, 그러니까 부처님이 계시다는 극락세계로 올라간 거지.

엄장이 광덕을 이기지 못한 이유는?

엄장은 그 모습을 보고 몹시도 당황했어. 자신으로 말하자면 혼자 몸으로 열심히 불교 공부를 하며 수행했고, 광덕은 아내까지 거느리며 살았는데 오히려 광덕이 먼저 극락으로 가니까 말이야. 친구가 죽었으니 그 친구 아내를 자신의 아내로 삼아 친구와 똑같이 해 보고 싶었던 것인지 몰라. 그래서 친구 아내의 허락을 받아 하룻밤 함께 자려고 하는데 날벼락 같은 소리를 듣잖아. 광덕은 남편으로 함

내 남편 만세!

쟤는 어떻게 공부한겨?

께 살았지만 단 한 번도 잠자리를 함께하지 않았다는 거지. 좀 이상한 이야기이기는 하다만, 여자와 함께 살면서 그런 마음을 품지 않기란 정말 어려운 일일 테니 아무래도 광덕이 더 고수였던 것 같아. 결국, 그 말에 크게 깨우쳐서 엄장도 공부를 열심히 하고 수행하여 광덕이 갔던 길을 함께 가게 되었다는 이야기야.

그런데, 이렇게 보면 좀 싱겁지? 아무리 불교 이야기라 하더라도 여자랑 자고 안 자고 하는 걸 가지고 호들갑을 떠는 것 같으니 말이야. 하지만 이 이야기의 핵심은 앞에 이미 있는지도 몰라. 광덕은 짚신을 삼는 일로 먹고살았고, 엄장은 화전을 일구었다고 했어. 짚신을 삼는 일은 몸을 구부리고 마치 고행하듯 하는 일이야. 또 옛날 스님들은 지나다니면서 벌레라도 죽일까 싶어 성기게 짠 짚신을 신고 다녔다고 하니까 짚신 삼는 일은 아무래도 불교 교리에 더 가깝거든. 그런데 화전을 일군다는 것은 말 그대로 산에 불을 놓아 밭농사를 짓는 거야. 불에 탄 나무며 풀 같은 것이 자연스럽게 좋은 양분이 되어 농사가 잘되겠지. 그렇지만 산을 불태우면 그 안에 있는 동물들은 어떻게 될까? 타 죽거나 삶의 터전을 잃고 말겠지. 살생을 금하는 불교에서 보자면 엄청난 죄악인 거야. 이렇게 보면, 엄장이 제아무리 여자를 멀리하면서 공부를 열심히 한다고 해도 광덕을 이길 수는 없어.

목표는 같아도 공부법이 다르면 등수 차가 나는 법이지.

공부라는 게 본래 그래. 겉으로 드러나는 게 다는 아니야. 제아무리 열심히 하는 듯해도, 왜 그런 공부를 해야 하는지 잘 헤아리지 못하면 아예 엉뚱한 방향으로 가지. 그런데 이 이야기는 그렇게 엉뚱한 방향으로 가는 걸 끝까지 방치하지 않아. 관음보살이 사람의 모습으로 나 ·타나서는 어리석은 짓을 깨우쳐 주고 있지. 그 깨우침에 따라 엄장은 정신을 차리고, 좀 늦기는 했지만 이내 올바른 길을 찾고 말이야.

노힐부득과 달달박박

내가 『삼국유사』를 보면서 좋아하는 점 가운데 하나가 바로 그거야. 누가 잘했으니까 그 사람은 성공하고, 누가 못했으니까 그 사람은 실패하는 게 아니라 시기가 앞서고 뒤서기는 해도 노력에 따라 이룰 수 있게 되기 때문이지. 이런 이야기를 꼼꼼하게 읽어 가다 보면 어떻게 해서 이기고 지는지, 잠시의 패배가 어떻게 승리의 원동력이 되는지, 우리가 함께 나아가는 길이 무엇인지를 잘 보여 준단다. 비슷한 이야기를 하나 더 보자.

신라 제33대 성덕왕 때의 일이다. 경상남도 창원의 백월산 동남

결국 엄장도 공부법을 바꿔서 성공한 거네요?

쪽 3천 발짝쯤 되는 곳 선천촌이라는 마을에 두 사람이 살고 있었다. 한 사람은 노힐부득으로 아버지 이름이 월장이고 어머니 이름이 미승이었다. 또 한 사람은 달달박박으로 아버지 이름은 수범이고 어머니 이름은 범마였다. 두 사람 모두 풍채며 골격이 여느 사람과 달라서 피안의 세계에 원대한 뜻을 두고 서로 친구가 되어 좋게 지냈다.

둘이 나이 스물이 되자 마을의 동북쪽 고개 너머에 있는 법적방이라는 절에 가서 머리를 깎고 중이 되었다. 그러고는 얼마 안 있어 서남쪽 치산촌 법종곡의 승도촌에 옛절이 있는데 그곳이 마음을 닦을 만하다는 말을 듣고 함께 가서 각각 대불전 마을과 소불전 마을에 살았다.

부득은 회진암에 살았는데 절 이름을 양사라고 하며, 박박은 유리광사에 살았는데 모두 처자식을 데리고 살았다. 둘은 농사를 짓고 서로 왕래하며 정신 수양을 하였는데 속세를 떠나 피안의 세계로 향하는 마음은 잠시도 잊어 본 적이 없었다. 그들은 자신들의 육신과 세상살이가 덧없음을 깨닫고 서로 이야기했다.

"기름진 밭과 풍년 든 해는 참 좋지만, 그래 봐야 먹고 입는 것이 마음먹은 대로 생겨나서 저절로 배부르고 따스해지는 것만 못하잖아. 또 여자와 집이 마음에 끌리기는 해도 덕행이 훌륭한 여러 성인들과 함께 부처님 계신 성지에서 온갖 놀이로 즐기는 것에 비하면 어림없지 뭔가. 더군다나 불교를 공부하면 마땅히 부처가 되고 참된 마음을 닦으면 꼭 참된 것을 얻음에 있어서야 말할 게 뭐 있겠나. 어차피 우리들이 여기에서 머리 깎고 중이 된 바에야 당연히 모든 장애와 속박을 벗어던지고 더 높은 데가 없는 도를 성취해야 할 텐데 어쩌자고 세속에 파묻혀 속된 사람들과 같이 지낼 수 있겠는가!"

　이리하여 둘은 드디어 속세를 내팽개치고 장차 깊은 산골에 숨을 생각으로 있었다. 밤이 되어 꿈에 한 줄기 흰빛이 서쪽으로부터 와 비추더니만 그 빛줄기 속에서 금빛 팔이 내려와서 두 사람의 정수리를 어루만졌다. 꿈에서 깨어 둘이 이야기를 나누어 보니 아니나 다를까 두 사람의 꿈이 조금도 틀리지 않고 꼭 들어맞았다. 둘은 한동안 감탄하다가 드디어 백월산 무등곡에 들어갔다. 박박 스님은 북쪽 고개의 사자 바위에 자리 잡고 판자로 만든 여덟 자 방을 지어 거처하여 판자로 된 방이라는 뜻에서 '판방(板房)'이라 했고, 부득 스님은 동쪽 고개 돌무더기 밑 물이 있는 곳에 방한 칸을 차지하고 살아서 돌무더기로 된 방이라는 뜻에서 '뇌방(磊

좋은 거 입고 좋은 거 먹는다고 훌륭한 삶은 아니야.

房)'이라고 했다. 이들은 각각 서로의 암자에서 지냈다.(『탑상』 〈남백
월산의 두 성인 노힐부득과 달달박박〉)

여기까지만 보면 앞서 본 광덕 엄장 이야기와 별반 다르지 않아 보
여. 두 친구가 살았고 뜻을 함께하여 어디론가 공부하러 가는 거지.
남보다 좋은 옷 입고 좋은 음식 먹고 좋은 데 산다고 해서 그리 훌륭
한 삶은 아니라는 생각으로 말이야. 어떻게든 인간이 살면서 맞닥뜨
리게 되는 근본적인 고민에서 벗어나고자 하는 거야.

그렇게 마음을 먹자 둘이 동시에 같은 꿈을 꾸었다고 하지. 나도 지
금껏 오십 년을 살았지만 누군가와 같은 날 같은 꿈을 꾼 일은 없어.
그런데 금빛 팔이 둘을 어루만졌다고 했으니, 보나마나 부처님의 팔
일 거란 말이야. 둘은 확신에 차서 출가를 했어. 둘 사이의 차이가 있
다면, 한 사람은 나무판자로 집을 짓고 또 한 사람은 돌무더기로 집을
지은 것뿐이지.

두 집 다 보잘것없다는 점은 같은데, 아무래도 돌무더기로 지은 쪽
이 더 불편할 것 같아. 돌은 나무와 달리 쉽게 가공할 수 없는 데다 몹
시 차가운 재료이거든. 나무처럼 눅눅한 날에는 습기를 빨아들이고
건조한 날에는 다시 뱉어 내서 습도를 조절할 수도 없고 말이야.

지당하신… 말씀…입니…다.

여기에서 살짝 힌트가 주어지지. 누가 더 단단한 마음을 먹고 공부하는 사람 같니? 알겠다고? 앞의 이야기를 공부한 보람이 있구나.

불쌍한 여인 앞에서

어디, 지원이가 생각하는 답이 맞는지 살펴볼까?

부득은 미륵 부처의 도를 열심히 구했고 박박은 미타 부처를 정성껏 염불하였는데, 이러기를 채 삼 년이 되지 않은 성덕왕 8년(709년) 4월 8일의 일이었다. 해질녘에 나이 스물이 거의 되었을 법한 처녀가 아리따운 자태에 귀한 향기를 풍기며 박박이 머물고 있는 북쪽 암자를 찾아와서는 머물기를 청하며 시를 지어 바쳤다.

길을 가다 해가 지니 첩첩산중 날 저물고
길은 막혀 마을 멀고 사방이 다 끊겼네.
오늘 밤은 이 암자에 묵어가려 하니
자비로운 스님께선 성내지 마소서.

어허~ 안될 말씀! 철통방어!!

박박이 말했다.

"절이란 게 깨끗해야 하는 법이니 그대가 가까이 올 데가 못 되오. 지체 없이 여기를 떠나도록 하시오."

그는 문을 닫고 들어갔다.

처녀는 이번에는 남쪽 암자로 가서 먼저처럼 청하니 부득이 말했다.

"그대는 이 밤중에 어디에서 왔소?"

처녀가 대답했다.

"고요하고 맑아서 큰 허공과 한 몸이 되었는데 오고 가는 것이 어찌 있으리까? 그저 어지신 스님의 뜻과 소원이 깊고 중하며 덕행이 높고 굳다고 하기에 장차 도와서 큰 깨달음을 얻게 하고자 할 뿐이지요."

이렇게 말하며 불교 시를 한 수 지어 주었다.

해가 저문 첩첩산중 험한 길에
가도 가도 사방으로 죄다 끊겼네.
대나무 소나무 그늘 짙어도
골짜기 물소리 더욱 새롭네.

불쌍한 여인이 나타났다면 어떻게 하는 게
사람으로서의 도리일까?

잠자리 청함은 길 잃은 탓 아니라
스님을 좋은 길로 인도하려 함이네.
내 청대로만 해 주시길 원할 뿐
내가 누구냐고 묻지는 마소서.

부득 스님은 이 말을 듣고 깜짝 놀라서 말했다.

"이곳은 부녀자가 더럽힐 곳은 아닙니다. 그러나 이 역시 보살의 수행 중 하나이겠지요. 게다가 궁벽한 산골에 밤이 어두우니 어찌 홀대할 수 있겠소."

그는 곧 그녀를 암자 안으로 친절히 맞아들였다.

이윽고 밤이 되었다. 부득은 마음을 깨끗이 하고 정신을 가다듬어 가운데 벽에 등불을 켜고 희미한 벽 아래 염불을 했다. 그런데 밤이 이슥해지자 처녀가 소리를 지르는 것이 아닌가.

"제가 불행히도 해산을 하게 생겼습니다. 스님께서는 짚자리나 깔아 주시면 좋겠습니다."

부득은 불쌍한 생각이 들어 그 청을 거절할 수 없어 촛불을 은은하게 밝혔다. 그녀는 이미 아이를 낳은 후였고, 이번에는 목욕을 시켜 달라고 청했다. 부득은 부끄럽기도 하고 두렵기도 했지만 불쌍한 생각이 한결 더해서 목욕통을 가져다 놓고 처녀를 통 속에 앉혀서는 물을 데워 목욕을 시켰다.(「탑상」〈남백월산의 두 성인 노힐부 득과 달달박박〉)

자, 어떠니? 달달박박과 노힐부득의 태도가 어떻게 달랐지? 달달박박은 처자식까지 버리고 집을 나와 수도하는 사람으로서 여자에 빠져서는 안 된다는 생각이 강했어. 자기 몸을 깨끗이 하는 게 중요하다는 거지. 그러나 노힐부득은 달랐어. 자신이 공부를 하는 까닭을 되짚어 본 거야. 불교 공부라는 것이 자신이 깨침으로 끝나는 게 아니라, 그걸 통해서 궁극적으로는 온 세상을 구제하려는 거잖아. 특히 불교에서는 사람만이 아니라 동물들까지도 중생에 포함하여 육식도 금하는 마당에, 불쌍한 사람이 앞에 나타났다면 어떻게 하는 게 옳은지를 먼저 생각했지.

똑같은 여자가 앞에 나타났지만 한 사람은 자신을 유혹하는 존재로 파악했고, 한 사람은 자신이 돌봐야 할 가련한 존재로 여긴 거야. 그러나 아무리 마음이 다부진 노힐부득이라 해도 여자가 아이를 낳고 목욕을 시켜 달라고 할 때는 어땠겠어? 달달박박은 아예 집에 들이지도 않았는데, 일이 점점 이상하게 얽혀 가는 것만 같잖아. 그럼

나는 왜 이 공부를 하는가!

에도 불구하고 노힐부득은 그 여자를 목욕시켰어. 그 결과는 이렇게 나타나.

　잠시 후 통 속의 물에서 향기가 물씬물씬 풍기더니 물이 금빛으로 변하였다. 그가 깜짝 놀라자 처녀가 말했다.
　"우리 스님도 여기서 목욕하시죠."
　부득은 어쩌지 못하고 그대로 했더니 갑자기 정신이 상쾌해지고 살빛에 금빛이 돌았다. 그리고 곁에는 난데없이 부처님이 앉는 연꽃자리인 연화대가 하나 생겼다. 처녀는 부득에게 거기에 앉으라고 권했다.
　"나는 관음보살이라오. 대사가 큰 깨달음을 얻도록 도운 것이지요."
　그녀는 이 말을 마치고는 사라져 버렸다.
　한편, 박박은 부득이 오늘밤에 틀림없이 파계하였을 것이라 생각하여 찾아가 놀려 주려고 했다. 웬걸, 부득은 연화대 위에 올라앉아 미륵 부처님이 되어 밝은 빛을 내뿜고 있었다. 박박은 저도 모르게 머리를 조아려 절을 했다.
　"어떻게 하여 이렇게 되었소?"

부득은 이렇게 된 연유를 상세히 말했다. 박박은 그 말을 듣고는 탄복했다.

"내가 평소에 마음속에 막힌 것이 많았는데 마침 부처님을 만났지만 도리어 그 좋은 기회를 놓쳤구나. 스님은 지극히 어질어서 나보다 먼저 성공하였으니 옛정을 잊지 말고 일을 함께 이루도록 해 주시게나."

부득은 말했다.

"목욕통에 아직 금물이 남아 있으니 목욕을 하시오."

그 말대로 박박도 목욕을 했다. 그랬더니 그 역시 부득이 그랬던 것처럼 아미타불이 되어 두 부처님이 서로 뚜렷이 마주 대하였다. 산 아래 마을 사람들은 이 이야기를 듣고 다투어 와서는 우러러보며 탄성을 질렀다.

"참으로 희한한 일이야!"

두 부처님은 사람들에게 설법을 한 후 구름을 타고 가 버렸다. (『탑상』 〈남백월산의 두 성인 노힐부득과 달달박박〉)

보다시피 노힐부득이 먼저 부처님이 되었어. 그 여자는 관음보살이었고, 관음보살은 노힐부득의 손을 높이 들어 준 거지. 당연히 달달

중요한 포인트는 나중에 깨친 자에게도
기회가 있다는 거.

박박은 진 거고 말이야. 그런데 재미있는 것은 달달박박의 태도야. 앞서 본 유혹에 흔들리지 않는 모습을 보인 것까지야 괜찮다고는 해도, 자신이 그렇게 한 것에 우쭐대는 마음이 엿보이잖아. 친구가 걱정되어서 간 게 아니라 친구는 보나마나 유혹에 넘어갔을 테니 자신이 더 잘났다는 것을 으스대려는 마음이 생긴 거야.

마음이 그렇다면 깨침을 얻기는 어려운 일인데, 그걸 몰랐던가 봐. 그런데 노힐부득을 찾아갔을 때 그는 이미 미륵 부처님이 되어 있었어. 두 사람은 누가 먼저 깨쳐서 부처님이 되는지 내기를 벌였는데 결과는 노힐부득의 완승이야.

나중에 깨친 자에게도 기회는 있다

그런데, 지원아. 여기서 놓쳐서는 안 되는 중요한 사실이 있어. 앞서 본 광덕과 엄장 이야기도 그랬지만, 달달박박이 기회를 잃고 허망하게 끝나지는 않았다는 점이지. 그는 비록 늦기는 했지만 자신의 잘못을 뉘우치고 또 열심히 친구에게 부탁했어. 그래서 먼저 깨친 친구의 도움으로 그 또한 부처님이 되었어. 둘 다 성공한 해피엔딩이지.

처음에 섬기던 부처님이 서로 달랐듯이, 한 사람은 미륵불이 되고

그러니까 포기하지 말라는 거죠?

또 한 사람은 아미타불이 되었어. 이것을 보면 당시 사람들은 아미타불보다 미륵불을 더 깊이 믿었던 것 같아. 미륵불 불상은 말끔한 금빛이었는데 아미타불 불상에는 얼룩이 남아 있었대. 달달박박은 노힐부득처럼 제대로 된 금물로 목욕을 하지 않고 남은 금물로 했으니까 그랬겠지만, 당시 사람들이 어느 쪽을 더 믿었는지 알 수 있는 대목이야. 아미타불이 극락에 가서 중생을 구제하려 애쓰는 부처님이라면, 미륵불은 중생을 구하러 이 세상으로 내려온다고 믿는 부처님이니까, 이 이야기와도 잘 맞아떨어지는 거고.

지원아, 혹시 이야기 두 편을 함께 견주어 보니까 좀 헷갈리지 않니? 앞의 이야기에서는 여자를 멀리하는 사람이 먼저 깨치더니만, 뒷이야기에서는 여자를 멀리하는 사람이 나중에 깨치니 말이야. 그러나 어떤 유혹이 있든, 일단 유혹을 물리치는 게 중요하고, 또 그러느라 더욱 중요한 문제를 놓쳐서도 안 된다는 것을 보여 주고 있구나.

나는 평생 공부를 하는 직업을 갖고 있어서 주변에 공부하는 사람들을 참 많이 봐 왔어. 공부를 하려면 방해하는 요소들을 가능한 한 멀리해야 해. 그만큼 시간을 많이 써야 하고, 정신을 집중해야 하기 때문이지. 그래서 TV 보는 시간은 말할 것도 없고, 사람을 만나는 것

근데 너는 공부를 왜 하는 거니?

도, 세상일에 지나치게 관심을 두는 것도, 심지어는 가족을 돌보는 일조차도 소홀히 하게 되곤 해.

그런데 정말 중요한 문제는 그 공부를 대체 왜 시작했는가 하는 데 있어. 우리가 인간답게 행복하게 살아가는 길을 찾기 위한 것이 공부라면, 그것을 하기 위해 인간답게 행복하게 사는 길을 막아서는 안 되는 거야. 내 경험으로는 공부를 제대로 하지 못하는 사람들이 공부를 핑계로 정작 중요한 일에 소홀하고 제 욕심만 챙기더구나.

그러니 지원아, 앞으로 네가 하고 싶은 일을 하기 위해서는 먼저 사소한 유혹에 흔들리지 않고 용감하고 성실하게 내달리는 힘이 필요해. 그러면서도 네가 왜 그렇게 하는지 늘 잊지 말아야 하지. 나도 제대로 못하는 일이기도 하다만, 이는 모든 사람들이 살아가는 동안 늘 마음에 두고 힘써야 할 일이란다.

날씨가 좋네요...

일연 스님은 어떻게 수많은 이야기를 기록했나?

흔히 『삼국유사』의 저자를 일연 스님으로 알고 있지만, 이는 반은 맞고 반은 틀린 이야기입니다. 분명히 일연 스님이 이 책을 쓰기는 했지만, 지은 것은 아니기 때문입니다. 정확하게 말하자면 일연 스님이 지어낸 것이 아니라 '편찬(編纂)'한 것입니다. 여기저기 있는 내용들을 모아서 하나의 책으로 다시 만든 것이지요. 예를 들어 『삼국유사』에 단군 신화가 분명히 나옵니다만, 이 한 편의 이야기만 해도 중국 위나라 역사책인 『위서』, 단군에 관한 내용을 담은 옛 기록인 『고기』, 중국 수나라 사람 배구의 전기인 〈배구전〉, 중국의 여러 행정 제도 등에 관한 서적인 『통전』 등에서 부분부분을 가져다 썼습니다. 일연 스님은 그렇게 여러 문헌들을 보면서 필요한 것을 취해 쓰고, 또 중간중간 자신의 의견을 덧보태는 방식으로 써 나갔던 것입니다.

그렇다면 대체 얼마나 많은 책을 인용했을까요? 불경 관련 도서가 50여 종, 고승들의 전기 등이 20여 종, 여러 절들에 관한 기록물이 10여 종, 『국사』 같은 우리 역사서 10여 종, 중국이나 일본 등의 역사서 40여 종 등등 이루 헤아리기 어려운 책과 기록 들을 가져다 쓰고 있습니다. 더구나 스님이 가져다 쓴 자료 가운데 우리나라와 관련한 기록들은 전해지지 않는 것이 많아서 『삼국유사』의 기록이 더욱 소중합니다.

이렇게 많은 책들에서 인용하고, 또 자신의 의견을 적절하게 담아 두려면 대체 어떻게 해야 할까요? 네 맞습니다. 많이 공부하고, 많이 생각하고, 꼼꼼하게 적는 것 이외에는 다른 방법이 없습니다. 일연 스님의 학문이 충분히 무르익은 상태에서 많은 자료를 보며 가려내고 가려내서 정리한 책이 바로 『삼국유사』입니다.

여덟째 놀이. 이야기는 꼬리에 꼬리를 물고

혜통, 수달 뼈를 버리다

지원아, 혹시 슬슬 따분한 건 아니니? 고전이 좋다고는 하지만, 대개 쉽게 읽히질 않지. 그래서 대다수 사람들에게 책장을 펼치면 졸리는 게 고전이기도 해. 『삼국유사』는 여러 편의 이야기들로 이루어져 있어서 그나마 덜 지루하지만, 요즈음 네 주변에서 볼 수 있는 것에 대면 어림없겠지. 그래서 이번에는 정말 재미있는 이야기 한 편을 소개해 볼까 해. 〈혜통이 용을 항복시키다〉라는 제목의 이야기야.

이 이야기는 처음부터 끝까지 환상 동화 한 편을 보는 듯한 착각이 들 정도로 흥미진진해. 「신주」 편에 들어 있는 세 편 가운데 하나

왜 스님들은 출가를 할까?

지. '신주(神呪)'는 조금 어려운 말인데, 글자 그대로 풀면 '신령스러운 주술이나 주문'이라는 뜻이야. 동화 속 마법사들이 이상한 소리를 내면서 무언가를 외우며 마술을 부리잖아? 스님들 가운데도 그렇게 신통한 주술을 보인 경우가 있거든. 신나겠지? 그럼 혜통을 만나 보자.

신라 제30대 문무왕 무렵의 승려 혜통은 어떤 집안사람인지 확실하지 않다. 승려가 되기 전에 그의 집은 남산의 서쪽 기슭 은천동 어귀에 있었다.

어느 날 집의 동쪽 냇가에서 놀 때의 일이었다. 그가 수달 한 마리를 잡아 죽인 뒤 그 뼈를 동산에 버렸다. 그런데 그 다음 날 뼈가 없어지고 말았다. 그가 핏자국을 따라가 보니까 수달이 전에 살던 동굴로 되돌아가서는 새끼 다섯 마리를 끌어안은 채 쭈그려 앉아 있었다.

그는 곧 그것을 바라보며 한참 동안 경이롭게 여기고는, 감탄하며 머뭇대다 이내 세속을 떠나 출가하여 법명을 '혜통'이라고 했다.(「신주」〈혜통이 용을 항복시키다〉)

혜통에 대한 이야기인데, 날 때부터 승려가 아니었을 테니 그 처음

해탈이 목적이라면서요?

을 적어 두고 있어. 승려가 된다는 것은 사람들이 사는 세상을 떠나 절간에서 수도하는 생활을 한다는 뜻이야. 친구는 물론 부모 형제도 떠나며, 결혼도 하지 않으니 자식도 없는 외로운 생활이겠지. 그러니까 출가하겠다는 생각은 웬만해서는 하기 힘든 법이야. 혜통의 놀라운 점은 그렇게 어려운 출가 결심을 하는 데서부터 나타나.

그가 어렸을 때 수달을 죽였다고 했지? 뼈를 버렸다고 했으니 가죽을 벗기고 고기를 먹기도 했을 거야. 사람도 동물이고 보면, 다른 동물을 잡아먹는 게 당연해. 아무리 그래도 제 생명을 위해 다른 생명을 죽이는 게 마음에 거리낌이 없을 수 없거든. 그래서 예전에는 동물의 뼈를 매우 소중히 다루었어. 잘 묻어 주며 좋은 데로 가기를 바랐어. 그렇게 해서 사냥꾼과 사냥감 사이에 화해가 이루어지는 거야.

그런데 혜통은 대수롭지 않게 죽이고 뼈를 버렸어. 그랬더니 그 뼈만 남은 수달이 기어이 제 집으로 돌아가서 새끼들을 돌보려 했던 거지. 그러니까 혜통이 죽인 수달은 한 마리이지만, 가엾은 새끼 다섯 마리까지 제대로 살지 못하게 한 거란 말이야.

나, 충격 먹었어.

시뻘건 화로를 머리에 이고

혜통은 거기에서 크게 깨달았어. 자기 생각만 하고 저 좋을 대로만 해서는 제대로 살 수 없다는 걸 알았다고나 할까. 아무튼, 무슨 공부든 그렇게 출발 지점에서부터 목표가 명확하고 또 자발적인 이유가 있을 때 흔들림 없이 나아가기 쉬워. 누가 시켜서 했다거나, 싫은 일을 하게 될까 봐 마지못해 한다면 방향도 흔들리기 쉽고 오래 가기도 힘들 테니까. 혜통은 이왕 뜻을 먹은 거, 더 크게 나아가기로 했지.

그는 당나라로 가서 무외 삼장을 뵙고 그에게 배우기를 청하였다. 그러나 삼장은 "동쪽 변방의 사람이 어떻게 불법을 공부하는 좋은 그릇이 될 수 있겠느냐?"며 가르쳐 주지 않았다.
혜통은 가벼이 물러서지 않고 삼 년간 열심히 삼장을 받들어 모셨으나 삼장은 여전히 허락하지 않았다. 혜통은 분통한 마음에 화로를 머리에 이고 뜰에 서 있었다. 잠시 뒤, 정수리가 터지면서 우레 같은 소리가 났다. 「신주」 〈혜통이 용을 항복시키다〉

이제 본격적으로 이야기가 시작되고 있어. 만약에 혜통이 수달을

삶과 죽음에 의문이 들었던 거야.

죽이고 난 뒤에 깨친 바가 있어서 공부를 열심히 했고 그래서 훌륭한 스님이 되었다면, 이야기가 싱거울뿐더러 현실적이지도 못해.

시험 삼아 지금 주변에 있는 친구한테 한 번 물어볼래? 지금까지 살아오면서 "이제부터 열심히 공부해야지."라고 마음먹고 그대로 쭉 가 본 적이 있는지 말이야. 아마도 한 사람도 없을 거야. 문제는 마음을 안 먹는 게 아니라 너무 여러 번 먹는다는 거지. 마음을 먹고, 그 뜻이 금세 무너지고, 또 무너지니까 다시 마음을 먹고 하기를 되풀이하는 게 보통 사람이거든.

그런데 혜통은 아주 달랐어. 우선, 신라가 아닌 당나라로 떠났어. 큰 곳에서 공부를 하려던 거였지. 지금처럼 교통이 편한 것도 아닐 테니 신라를 떠나 당나라로 가는 일 자체가 고역이었겠지. 그뿐 아니야. 이왕 외국 유학을 할 바에야 제대로 된 스승에게 가르침을 받고 싶어서 당시에 제일 대단한 스님인 무외 삼장을 만났지.

무외 삼장은 본래 인도 승려로, 불교를 전파하기 위해 중국으로 건너온 인물이야. 나라의 스승 격인 국사가 되기까지 했다니 대단한 이력을 지닌 사람이었지. 게다가 '삼장'이라는 칭호는 불경에 달통한 승려에게 허락되는 것이니까, 그야말로 최고의 승려란 말이야.

재미있는 일은, 무외 삼장은 불교를 전파하기 위해 인도에서 중국

으로 갔고, 혜통은 불교를 배우기 위해 신라에서 중국으로 갔다는 거
야. 불교가 시작된 곳으로 본다면 서쪽 인도가 최고의 성지이겠고, 거
꾸로 신라가 동쪽 끝의 변방으로 느껴질 거야. 그래서 무외는 그런 촌
뜨기까지 가르칠 수 없다며 거부했지. 사실은 대체 저 신라 촌뜨기가
어느 정도 되는 인물인지 파악하기 위해 시험해 본 것일 거야.

혜통은 삼 년 동안이나 외면당하면서도 포기하지 않고, 마침내는
자신의 의지를 보이기 위해 불타오르는 화로를 머리에 이고 뜰 앞에
서 시위를 했어. 그랬더니 머리가 터져 버렸는데 그 소리가 우레 같았
다는 거지. 그런데 머리가 터지면 살 방법이 있겠어? 당연히 없겠지.
그런데 이 이야기가 실려 있는 곳이 '신주'라고 했지? 그래, 신통한 주
문을 쓸 때가 온 거야.

이 소리를 듣고 삼장이 나와 보았다. 그는 화로를 걷어치운 후
손가락으로 터진 곳을 어루만지며 신령스러운 주문을 외웠다. 그
러자 상처가 이내 아물어서 전처럼 말끔해졌다. 다만 거기에 흉터
가 생겨 한자 '王(왕)'자 무늬처럼 남아서 그를 '왕화상'이라고 하
였으며 그의 그릇이 깊음을 인정하여 불교의 비결을 전해 주었
다.「신주」〈혜통이 용을 항복시키다〉)

하...하나만 뺄까?

자, 이제 이야기가 제대로 돌아가는 것 같지. 혜통이 머리에 화로를 이고 있었다는 건 그가 공부에 목숨을 걸었다는 이야기야. 불교에서는 이런 내용이 많아. 스승이 자신을 제자로 받아 주지 않자, 자기 한쪽 팔을 베어서 바쳐 공부하고자 하는 뜻이 얼마나 대단한지 확인시켜 준 경우도 있지. '화상'은 수행을 많이 한 승려를 높여 부르는 말이란다. 혜통은 변방에서 온 사람이라 무시를 받다가 마침내 누구나 존경하는 승려로 우뚝 서게 되었어.

여기까지 보면, 이야기가 참 극적으로 흘러가고 있어. 혜통은 먼저 철없이 짐승을 죽인 후, 거기에서 느낀 바가 있어 승려가 되었지. 그러나 그것만으로는 안 되겠으니까 훌륭한 스승을 찾아 중국으로 유학을 갔고, 거기에서 알아주지 않자 오랜 시간 노력을 게을리하지 않았고, 그래도 되지 않자 극단적인 방법을 써서 스승의 인정을 받았어.

콩 한 말로 공주의 병을 고치다

느끼고, 결심하고, 노력하고, 그래도 안 되면 죽을 각오로 달려들고, 그래서 마침내 이루어 낸 건데, 문제는 이제부터야. 불교를 공부하는 것은, 아니 불교뿐만 아니라 세상의 모든 종교는 단순히 자신의

아브라카다브라~~

마음이나 편안하자는 것이 아니라 온 세상을 구하자는 거야. 그런데 여기까지는 그저 혜통이 불교 공부를 하게 되는 과정밖에 나와 있지 않거든. 당연히 그 뒷이야기가 나와야 옳겠지. 게다가 이 편의 제목대로 이야기의 주인공 혜통이 보여 주는 '신주'가 있어야 해.

이때, 당나라 황실에서는 공주가 병이 들었다. 고종 황제는 무외 삼장에게 치료를 부탁했다. 그러나 삼장은 자기 대신 혜통을 추천하였다.

혜통은 무외 삼장의 가르침을 받아 가면서 다른 곳에 머물렀다. 혜통이 콩 한 말을 은그릇 속에 넣고 주문을 외자 그 콩이 흰 갑옷을 입은 신령스러운 병사가 되어 병마들을 쫓아냈지만 이겨 내지 못했다. 그러자 그가 다시 검은 콩 한 말을 금 그릇에 넣고 주문을 외자 그 콩이 변해서 검은 갑옷을 입은 신령스러운 병사가 되었다. 두 빛깔의 신령스러운 병사들이 함께 병마를 쫓아내니 병마는 갑자기 교룡이 되어 달아났고, 이로써 공주의 병이 나았다.「「신주」
〈혜통이 용을 항복시키다〉〉

이 이야기의 주인공은 무외 삼장이 아니라 혜통이야. 무외에게서

신비한 술법을 배웠다고 했으니 이제 혜통이 그 능력을 보일 차례지. 혜통이 누구야? 신라에서 건너간 승려란 말이지. 당연히 당나라에서는 한 수 아래로 보았을 텐데 웬걸, 당나라 황실에서 문제가 생겨 그 신통하다는 무외 삼장을 청했는데 자기 대신 혜통을 보냈어.

　스승과 제자가 가르침을 주고받는 이야기는 거의 이런 식으로 전개되곤 하지. 제자에게 자기 것을 다 전수하고 나면, 제대로 되었는지 확인하기 위해 자기 자리를 대신하도록 해 보는 거야. 그래서 제자인 혜통이 그 일을 대신하기는 하지만, 여전히 스승의 도움을 받아 조심스럽게 접근하고 있어. 병마를 단번에 제압하는 게 아니라 두 차례에 걸쳐서 제압한다고 했으니까 상대가 그만큼 만만치 않았다는 뜻이겠지. 검은색과 흰색, 금과 은이 한데 모아지고, 스승의 보살핌 아래 가까스로 상대를 물리쳤다고 할 수 있어. 혜통은 결국 병마의 정체가 드러나게 했는데 그게 바로 교룡(蛟龍)이었어. 교룡은 용의 한 종류인데 보통 뿔이 없는 모양으로 묘사되곤 해. 용 중에서도 조금 모자라는 용인데 뒤에 또 나오니까 그때 더 설명하기로 하자. 아무튼 스승과 제자가 힘을 합쳐서 못된 용을 물리쳤다는 정도로만 이해하면 되겠어.

큰일에는 큰 시련이 따르는 법!

그런데 남에게 배운 대로만 해서는 또 한계가 있을 거란 말이야. 무외 삼장이 아무리 대단한 스승이라 해도 결국은 스승 없이 문제를 해결해 나가야만 하는 법이니까. 또, 스승 없이 하다 보면 자신의 방법을 찾아가게 마련이겠고. 혜통 이야기는 바로 그런 점이 돋보여.

용은 혜통이 자기를 쫓아낸 것을 원망하였다. 그래서 신라의 문잉림이라는 숲으로 와서 사람을 마구 해쳤다. 그때 정공이 당나라에 사신으로 갔다가 혜통에게 말했다.

"스님께서 쫓아내신 독룡이 우리나라에 와서 피해가 심합니다. 스님께서 속히 가시어 없애 주십시오."

혜통은 정공과 함께 서기 665년에 신라에 돌아와 용을 쫓아 버렸다. 그러자 용은 정공을 원망하여 버드나무에 몸을 숨겨 정공의 집 문밖에 있었다. 그러나 정공은 그 사실을 알아차리지 못하고 그저 그 잎이 무성한 것만 좋아해서 몹시 아꼈다.

신문왕이 죽은 후 효소왕이 즉위하였는데, 산에 왕릉을 만들고 장례를 치르기 위해 길을 내는데, 정공의 집 앞에 있는 버드나무가 가로막았다. 그래서 담당 벼슬아치를 시켜 그 나무를 베어 버리려고 하자 정공이 분노했다.

"내 머리를 베었으면 베었지 이 나무는 못 벤다!"

담당 벼슬아치가 이 말을 왕에게 아뢰자 왕이 몹시 화가 나서 법을 맡은 관리에게 명하였다.

"정공이 왕화상의 신령스러운 술법만 믿고 불손한 짓을 하려 하는구나. 왕명을 하찮게 여겨 거스르며, 제 머리를 베라고 하니 제가 원하는 대로 거행하라!"

이리하여 정공을 베어 죽이고 정공의 집을 흙 속에 파묻어 버리고는 조정에서 이에 대해 논의가 오갔다.

"왕화상은 정공과 매우 친합니다. 반드시 둘이 서로 연계되어 있을 테니 우선 왕화상을 처치해야 할 것입니다." 「신주」 〈혜통이 용을 항복시키다〉

무슨 연속극을 보는 것처럼 계속 새로운 사건이 일어나고 있구나. 당나라로 공부를 하러 떠나서 신라와는 거리를 두고 있나 싶더니 어느새 이야기가 신라 쪽으로 옮겨 왔어. 신라에서 당나라로 유학을 떠난 사람이 결국에는 신라에 도움을 준다는 설정도 재미있지? 대개의

시련이 클수록 영웅은 더 단단해진다.

영웅담은 그렇게 자신이 있던 곳을 떠나 힘을 키운 후, 되돌아와서 그 힘을 발휘하는 구성으로 되어 있어. 혜통은 중국에서도 인정을 받았으니까 편하자고 들면 얼마든지 거기서 살 수 있었겠지만 기꺼이 돌아왔지.

그런데 여기 나오는 용은 선한 용이 아니라 악한 용이야. 무언가 잘못되어서 인간에게 원한을 품는 용인가 봐. 오죽하면 '독룡(毒龍)'이라고까지 했을까. 그러나 그렇게 독한 용도 무외 삼장에게는 어림없었고, 그 제자인 혜통에게도 적수가 못 되었지. 그러니까 더 만만한 상대인 정공에게 화풀이를 하는 거야. 하긴 정공만 없었더라면 신라에서나마 활개를 치며 제멋대로 살았을 테니 원수이기는 하겠지.

그러나 두 번이나 직접 해코지를 하다가 호되게 당했으니까 이번에는 간접적인 방법을 썼어. 임금의 노여움을 사서 죽게 한 거야. 정공은 순진하게 거기에 걸려들어서 애꿎게 죽고 말았어. 생각해 보면 참 허망한 일이지. 그깟 버드나무 한 그루가 무어라고 왕릉을 만드는 데 방해까지 할 게 무얼까만, 사람이라는 게 그런 사소한 유혹에 빠지면 그렇게 어이없이 망하기도 하니까.

아무튼 이제는 병마나 용이 문제가 아니라, 임금이 보낸 군사들이 문제야. 공연히 신라로 돌아왔다 봉변을 겪는 것처럼 느껴질 텐데, 예

고마워. 너라도
날 알아봐 줍서.

오, 제 눈엔 정공이
환경운동가처럼 보이는데요.

166

나 지금이나 큰일을 하는 사람에게는 언제나 큰 시련이 있는 법이야. 신라 사람들의 어려움을 없애 주기 위해서 왔다가 도리어 신라 군인들에게 위협을 당하잖아. 그러나 그런 시련을 잘 극복하는 것이 제대로 된 영웅이고, 그런 과정을 통해 영웅은 더 강해지지. 어쨌거나 군사들은 혜통을 잡으러 오고, 혜통의 신통력이라면 그들을 죽여 없애는 것도 아주 쉬운 일이겠지만 그렇게 했다가는 왕의 군사를 죽인 역적이 될 테니 참 난감한 일이거든.

그때, 혜통은 왕망사에 있었는데 갑옷 입은 병사들이 오는 것을 지켜보았다. 그는 지붕 위로 올라가 사기로 만든 병과 붉은 먹물을 찍은 붓을 가지고 병사들에게 소리쳤다.

"내가 하는 걸 잘 보아라."

그러면서 병 목에다 한 줄을 쭉 그어 댔다.

"이제 너희들 목을 보아라."

병사들이 자기 목을 보니 모두 붉은 줄이 그어져 있는 게 아닌가. 병사들은 서로 보면서 놀랐다. 혜통이 이어 소리쳤다.

"내가 이 병 목을 친다면 너희들 목도 그렇게 잘라질 것이다! 어쩔 테냐?"

그런데 왜 혜통은
군사들을 죽이지 않았을까?

병사들이 달아나서 자기들 목에 그어진 줄을 왕에게 보였다.

"화상의 신통력을 사람의 힘으로 어찌해 볼 도리가 있겠는가?"

이렇게 말하며 왕은 가만두도록 했다. (『신주』 〈혜통이 용을 항복시키다〉)

정말 절묘한 방법이었어. 왕이 보낸 군사들도 해치지 않았고, 또 자기에게도 아무 피해가 없었으니까. 이야기를 읽다 보면 이런 주술은 아주 흔한 편이지. 어떤 사람을 상징하는 인형의 머리에 핀을 꽂으면 그 사람의 머리가 아프게 되는 식의 주술 말이야. 혜통이 좀 더 심하게 했더라면 그런 식으로 군사들을 불편하게 했겠지만, 그저 줄을 하나 긋는 정도로 약하게 해서 가벼이 물리쳤어.

다시 이야기의 처음을 잡아라

여기에서 가만 보면 임금은 자신이 혜통을 해치려 한 것을 잘못이라 시인하지 않고, 그저 혜통의 신통력에 눌려서 그냥 포기한 데 지나지 않아. 혜통으로서도 이기기는 했는데 완전히 이긴 것은 아닌 셈이고. 그래서 또 다른 이야기가 필요해.

그야 스님이니까….

168

왕의 딸이 갑자기 병이 들자, 왕은 혜통을 불러서 치료하도록 했는데 병이 나았다. 왕은 크게 기뻐했다. 그러자 이 틈에 혜통이 말했다.

"정공이 독룡의 해코지를 입어 무고하게 국법에 의해 벌을 받았습니다."

왕이 듣고는 마음속으로 뉘우쳤다. 그래서 정공의 처와 자식들에게는 죄를 면해 주었고, 혜통을 국사로 삼았다.(「신주」〈혜통이 용을 항복시키다〉)

드디어 왕이 반성을 했어. 억울하게 형벌을 받아 죽은 정공도 사면해 주었지. 지금 같으면 죽어 버린 사람을 사면해 주는 게 무슨 소용인가 싶어 이해가 안 되겠지만, 죽은 후에라도 명예를 회복시켜 주는 의미도 있고, 그 가족과 친척들까지 벌을 받았기 때문에 그들의 신분을 회복시켜 주는 거야. 혜통은 문제를 잘 풀어냈을 뿐만 아니라, 국사 벼슬까지 받았으니 더 말할 게 없겠지.

이렇게 이야기를 읽다 보면 그가 맨 처음 불교 공부에 뜻을 두어, 스승에게 배움을 청하기 위해 온갖 어려움을 견뎌 내고, 당나라와 신라에서 제 능력을 펼쳐 보여 최고의 지위에 오른 성공담이 길게 이어

물론 그렇지. 하지만 처음의 어미 수달 이야기를 잊지 마.

져 있다고 할 수 있어.

그런데 말이야, 이렇게 이야기가 끝난다면 퍽이나 이상해져. 나사가 하나쯤 빠진 것처럼 허망한 구석이 있기 때문이지. 이야기의 맨 처음을 기억해 봐. 혜통이 애초에 동물을 함부로 죽였는데 안쓰러운 마음이 생겨서 불교 공부에 뛰어들었잖아? 그렇게 공부를 시작했기 때문에 남다른 점이 있어야 하는데, 그저 자기 재주를 뽐내다가 높은 벼슬을 하고 끝났다면 이야기의 완결성이 떨어지거든. 그래서 다음과 같은 이야기가 덧붙게 돼.

용은 정공에게 원수를 갚고 나자 기장산으로 들어가서 웅신이 되어 더욱더 심하게 해를 끼쳐서 백성들이 매우 괴로워했다. 혜통이 기장산에 가서 그 용을 달래 주고 생명체를 죽이지 말라는 불살계(不殺戒)를 주자 웅신의 해악이 그쳤다.(『신주』 〈혜통이 용을 항복시키다〉)

이렇게 해서 혜통의 이야기는 완결돼. 이 용은 참 집요한 데가 있지? 공주의 몸을 파고드는 병마가 되었다가, 버드나무에 숨어 사랑을 받는가 하면, 산으로 들어가 웅신이 되기도 해. 웅신은 곰의 신을 말

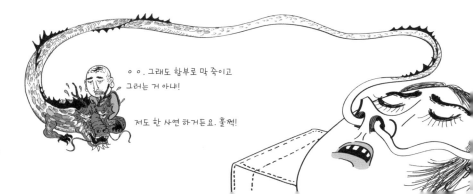

○○. 그래도 함부로 막 죽이고
그러는 거 아냐!

저도 한 사연 하거든요. 훌쩍!

해. 이제 용에서 곰으로 몸을 바꾼 거겠지. 이렇게 이 병마는 사람이면 사람, 나무면 나무, 동물이면 동물 어디로든 들어가서 해를 끼치는 거야. 그렇게 집요하게 해를 끼친다면 분명 이유가 있을 텐데, 그 이유는 묻지 않고 계속 내쫓기만 하니까 여기서 쫓겨나면 저기로 가는 식으로 해서 해악이 그치지를 않았어.

혜통은 직접 산으로 그 용을 만나러 찾아 들어가지. 수달의 핏자국을 찾아 동굴로 들어갔듯이, 이제 용이 몸을 숨긴 산으로 간 거야. 아마도 사람들에게 해코지를 하는 큰 곰을 만났겠지. 그러고는 곰의 입을 통해 용의 속사정을 들었을 거야. 그 말을 다 듣고는 야단친 게 아니라 잘 달래 주고, 불교의 계율을 주면서 이제 착하게 살라고 당부했겠지. 그래서 용이 지난날의 잘못을 뉘우치고 공연히 다른 데 분풀이하는 마음을 거두게 되었어.

이쯤에서 다시 앞에 나왔던 교룡을 생각해 보자. 교룡은 대체로 뿔이 없는 용쯤으로 설명되곤 해. 용은 용인데 온전하지 않은 용이지. 그래서 때를 만나지 못해 뜻을 이루지 못한 영웅들을 빗댈 때 쓰이기도 해. 그러니까 지금까지 혜통은 용이 사람들에게 해코지를 한다고만 생각했지 용 나름대로의 문제가 있다고는 생각 못하다가 비로소 용을 위로하고 어루만져서 마음을 돌리게 한 거야. 그래서 용이 스스

혜통은 수달의 핏자국을 찾아 동굴로 들어갔듯이,
용을 찾아 산으로 가는 거야.

로 악행을 그만두게 되었을 때 모든 문제가 해결되었지.

나이 부자에 힘도 세다면?

이 이야기는 사소한 사건으로 시작하지만, 거기에서 출발하여 뜻을 세우고, 어려움을 물리치고 뜻을 이루며, 크게 성공한 뒤에도 맨 처음의 마음을 잊지 않는 일련의 과정이 한 편의 드라마처럼 펼쳐져. 이 꼬리에 꼬리를 무는 드라마를 즐길 수 있는 사람이라면, 이제 자기 자신의 드라마 또한 이렇게 써야 하지 않을까?

그러자면 제일 먼저, 목표를 찾아 나서는 첫 사건이 그럴듯하게 있어야겠지. 이왕 목표를 찾아 나선다면 아주 크게 뜻을 세워야겠고, 큰 뜻이 있다면 좋은 가르침을 받아야겠지. 좋은 가르침을 받기 위해서는 고난과 역경을 견뎌야 하며, 자신의 뜻을 이루는 데 그치지 않고 처음 출발했던 곳으로 와서 다른 사람들을 돕기 위해 나설 줄 알아야 해. 그 과정에서 크고 작은 시련이 있더라도 잘 넘어서며, 큰 성공을 거둔 후에는 맨 처음을 잊지 않고 겸손하게 살아갈 수 있어야 하지.

너무 어렵다고? 맞아, 어려우니까 이렇게 이야기로 남아 있겠지. 혹시 '연부역강(年富力强)'이라는 말을 알지 모르겠다. 나이가 부자이

고 힘은 강하다는 말이야. 너처럼 어린 사람은 앞으로 살아갈 날이 많으니까 나이 부자이고, 또 그만큼 힘이 세잖아. 그러니 무엇이 두렵겠어. 너 자신을 믿고 쭉 나가면 돼, 쭉!

혜통 스님 이야기로 보는 문제 해결법

혜통은 뛰어난 고승이라고 했지만 이야기를 읽다 보면 문제가 자꾸 뒤엉키는 인상을 줍니다. 그러나 이것은 혜통만의 문제가 아니라 사람들이 살아가면서 흔히 겪게 되는 일이지요. 예를 들어, 너무 성적이 떨어지는 게 문제인 학생이 있다고 합시다. 우선 공부에 집중을 못하는 게 문제라고 생각하여 공부 이외에는 아예 신경을 끊고 공부만을 한다면 당연히 성적이 오를 겁니다. 그러나 그러는 사이에 친구들과 덜 만나고 가족들에게 공연히 스트레스만 풀었다면 어떨까요? 성적은 올랐지만, 어쩌면 그보다 더 큰 문제가 생겨날지도 모릅니다. 그래서 균형을 잡는 것이 필요하고, 처음 생각했던 문제의식을 놓치지 않는 게 중요합니다.

혜통의 경우로 보자면 재미로 생명을 해친 뒤에 일어난 문제가 계기가 되어 불교 공부를 시작한 인물입니다. 그 출발점은 아마도 모든 생명이 다 소중하다는 데 있었겠지요. 불교에서는 아주 작은 동물까지 포함하여 '중생'이라 하는데요, 세상의 중생을 다 구제하겠다고 출발한 것일 겁니다. 그런데 맨 처음에는 당나라 황실의 공주를 구하는데, 그러고 나니 공주에게 있던 못된 용이 신라의 경주로 들어가서 사람들을 괴롭혔습니다. 혜통 스님이 경주에 가서 용을 몰아내자 다시 변방의 숲속으로 들어갔어요. 점점 더 작은 곳으로 들어가서, 점점 더 큰 문제를 일으키는 겁니다. 그래서 마침내 그 용까지 구제해야 끝나는 문제임을 알게 되는데, 그런 사실은 이미 맨 처음 출발 지점에서 알았던 것입니다. 가엾은 수달을 죽인 죄를 뉘우친 사람이니까 세상 모든 중생들을 어떻게 구제해야 할까 고민했을 테니까요.

　세상을 살다 보면 무엇을 몰라서 겪는 문제보다, 아는 것을 제대로 실천하지 못해서 겪는 문제가 훨씬 더 많습니다. 이런 일이 생길 때 앎을 실천하지 못했다고 생각하기보다는, 그런 앎이란 아직 덜 익은 앎이라 여기는 게 좋겠습니다. 철저하게 안다면 몸 밖으로 저절로 드러나게 마련이니까요.

아홉째 놀이. 말의 힘, 노래의 힘

노래로 나무를 시들게 한다고?

지원이는 말의 힘이 얼마나 세다고 생각하니?

생각해 본 일이 없다고? 그렇다면 "말 한마디로 천 냥 빚을 갚는다."거나 "말이 씨가 된다."고 하는 말들을 떠올려 보렴. 별것 아닌 말이 때로는 큰일을 하기도 한단다. 말은 사람의 생각을 가장 잘 드러내는 수단이니, 그 생각을 행동으로 옮기면 결과가 따르겠지.

말을 가지고 놀이를 하는 경우도 있는데, 이 역시 단순히 놀이에서 그치는 것부터 그것을 통해 보통 말로는 풀지 못할 방법을 찾아내는 경우까지 아주 다양하단다.

날 버리고 가시는 님은 십 리도 못 가서 발병 난다~~

쟤, 생각보다
취향 올드하네.

맨 먼저 살필 것은 주술적인 말이야. 주술이 뭐냐고? 잘 모르겠다면, 윷놀이를 생각해 보렴. 윷을 던질 때 사람들이 그냥 던지는 법이 없지? 윷이 필요할 때에는 "윷이다!"라고 외치면서 던지고, 개가 나와야 할 때는 "개다!"라고 하면서 던지지? 꼭 그렇게 되리라는 법은 없지만, 그렇게 되었으면 하는 바람을 먼저 말에 담아 보는 것이거든. 다음 이야기를 보자.

신라 제34대 효성왕이 왕위에 오르기 전의 일이다.

그는 어진 선비 신충과 함께 궁궐 뜰 잣나무 아래에서 바둑을 두면서 이렇게 말하였다.

"내가 나중에 그대를 잊을 일이 있겠는가? 이 잣나무처럼 신의를 지킬 것이다."

그러자 신충이 일어나 절을 하였다.

몇 달 후, 왕이 즉위하여 여러 공신들에게 상을 주었는데 깜빡 잊고 신충을 명단에서 빠뜨렸다. 신충이 이를 원망하여 노래를 지어 잣나무에 붙이자 나무가 금세 누렇게 시들었다. 왕이 그것을 이상하게 여겨 사람을 시켜 그 까닭을 알아보게 했다. 그러자 심부름 갔던 사람이 잣나무에 붙어 있던 노래를 가져다 바쳤다.

왕은 크게 놀랐다.

"임금의 여러 일들에 빠져 지내다 보니 그만 가까운 이를 잊었 구나!"

곧 그를 불러 벼슬을 내리자 잣나무가 금세 되살아났다.「피은」

〈신충이 벼슬을 버리다〉

왕이라는 게 요즘 대통령과는 달리 미리 정해져 있는 것 같지만 꼭 그렇지 않은 경우도 있어. 그래서 누가 왕이 될지를 놓고 편을 갈라 경쟁하는 일이 있거든. 그럴 경우 누군가가 왕이 되고 나면 그가 왕이 되는 데 적극적인 도움을 준 사람에게 상을 준단 말이야.

신충의 경우는 왕이 다짐까지 해 놓고서는 까맣게 잊고 말았어. 그래서 신충이 그 불만을 잣나무에 써 붙인 거지. 잣나무는 소나무와 함께 지조를 상징하는 나무이거든. 겨울이 되어 다른 나무들은 잎이 떨어질 때에도 푸른빛을 자랑하지. 그래서 효성왕도 잣나무에 맹세를 했겠고, 신충 또한 거기에 원망을 늘어놓은 거야. 그 결과 잣나무가 시들었고, 그걸 안 효성왕이 신충에게 벼슬을 내리자 다시 살아났다고 하지. 말의 힘이 그대로 드러난 거야.

그렇다면, 신충이 지었다는 노래가 대체 어떤 내용일까? 다행스럽

약속도 안 지키고
임금 나빠!

원망이 얼마나
컸으면 잣나무가
다 시들었을까….

게도 그대로 남아 있으니 읽어 보렴.

　　뜰의 잣이
　　가을에 안 시들어지니
　　"너를 어찌 잊어." 하시던
　　우러르던 낯이 계시온데
　　달그림자가
　　옛 못에 가는 물결 원망하듯이
　　모습이야 바라보나,
　　세상도 싫은지고.

　　……「피은」 〈신충이 벼슬을 버리다〉

　왕은 뜰의 잣나무는 가을이 되어도 시들지 않는 데에 빗대어 신충을 결코 잊지 않겠다고 맹세했지. 그런데 그 맹세가 물거품이 되고 만 거야. 또, 달빛이 비치면 그 그림자가 못에 생겨나지만 잠시 물결이 일면 그림자가 없어지게 되겠지? 약속을 잊어버린 임금을 비유하고 있는 거야.

　내게 맹세를 했던 그 사람의 모습을 보기는 해도 원망스러워서 세

신충도 답답했겠지. 뜻대로 안 된다고
왕한테 따지고 덤빌 수도 없었을 테니.

상이 싫다고 했지. 이 작품이 실린 『삼국유사』의 편명도 '피은(避
隱)', 곧 피해서 숨는다는 뜻이야. 신충 또한 그런 세상이 싫어서 숨어
버렸어. 임금이 자신의 실수를 알아차리고 조치를 취하자 다시 돌아
왔지만 말이야.

자, 말은 그렇게 힘을 발휘한단다. 지금도 그렇지만 예전에는 더욱
더 그런 힘을 믿었어. 특히 보통 하는 말이 아니라 노래에 실어 하는
말일 경우에는 그 힘이 더욱 세다고 믿었어. 그래서 하늘과 땅과 신들
까지도 감동시킬 수 있다고 생각했지.

나무에 원망의 노래를 지어 붙였더니 나무가 말라죽어 가더라는
이야기를 쉽게 믿기는 어렵겠지만, 노래를 짓고, 그것을 글로 써서 붙
일 정도라면 그 마음이 매우 절절했음을 알 만하지. 그렇게 진실된 마
음을 한곳에 모으면 사람과 사람은 물론, 사람과 자연, 사람과 신이
소통된다는 생각이 이 노래에 담겨 있어.

오다 오다 오다

너도 외롭거나 힘들 때 노래를 부를지도 모르겠다. 군인들이 고된
행군을 할 때 군가를 부르듯 말이야. 또, 시위를 할 때에는 자신들의

결국 왕이 자신의 실수를 알아차리게 했네요.

뜻이 담긴 구호를 외치기도 하지. 그렇게 한다고 바로 세상이 변하는 것은 아닐 테지만, 그러는 순간 힘이 모아지고 떨어졌던 기운이 불끈 솟아나는 느낌이 드는 것은 사실이야.

『삼국유사』에 있는 실려 있는 노래에도 그런 게 있어. 아주 간단한 노래인데 흔히 〈공덕가(功德歌)〉 또는 〈풍요(風謠)〉라고도 해.

오다 오다 오다
오다 서럽더라
서럽다 의내여
공덕 닦으러 오다 「의해」 〈양지가 지팡이를 부리다〉)

너도 아는 대로, 한글 창제 이전에는 우리말을 제대로 표기할 방법이 없었어. 그래서 한자를 가지고 어떤 글자는 뜻으로 새기고, 어떤 글자는 음으로 읽는 방식으로 우리말을 글로 옮겼지. 그런 것을 '향찰'이라고 하고 향찰로 된 노래가 바로 '향가'야. 이 〈공덕가〉 또한 향가인데, 겉으로 드러난 형식으로 보면 넉 줄짜리 민요 같고 실제로도 민요로 불렸을 것 같아. '풍요'라는 말이 곧 민요라는 뜻이기도 하고 말이야.

말에 가락까지 얹으면 훠~얼씬 힘이 세진다.

이 노래는 아주 간단해. 향가 중에서 제일 짧을 뿐만 아니라, 그나마 짧은 내용도 대부분 '오다'의 반복이잖아. '오다'가 다섯 번 반복되다 보면 어느새 노래는 끝나고 마는 싱겁기 짝이 없는 노래야. 참, '의내'라는 말을 모르지. 이 말은 요즈음의 '우리' 정도의 뜻이므로 결국, 이 노래 전체는 "공덕을 닦으러 서러운 우리들이 온다."는 거야.

그렇다면 대체 무슨 공덕일까? 『삼국유사』 설화를 보면 잘 나와 있어.

신라의 양지 스님은 그 조상과 고향에 대해 상세히 알 수 없었다. 오로지 제27대 선덕왕 때의 행적이 드러나 있을 뿐이다.

그가 지팡이 끝에 포대를 하나 걸어 놓으면 그것이 저절로 날아가 시주하는 사람 집 앞에서 흔들어 소리를 냈다. 그러면 그 집에서 그것을 알고 재에 올릴 비용을 포대에 넣는데, 포대가 가득 차면 날아 돌아왔다.

그래서 그가 사는 절의 이름도 지팡이라는 뜻의 '석장'을 써서 '석장사'라 했는데, 그 신비하여 헤아리기 어려운 것이 이와 같았다. 그에게는 그 밖에도 여러 재주가 있었으며 그 재주가 신통한 것이 어느 누구와도 비할 수 없이 대단했다.「의해」〈양지가 지팡이를 부리다〉

양지라는 스님은 도통을 하셨는지 신통한 술법을 잘 썼나 봐. 시주하러 다니는 게 아니라 지팡이에 포대 하나만 걸어 두면 스스로 척척 받아 왔다고 하니 대단하지. 요즈음에는 드론이라는 무인 비행기가 피자를 배달하기도 한다던데, 그 옛날에 이미 무인 지팡이가 다녔던 셈이야. 이 스님의 재주는 그것만이 아니야. 글씨도 잘 쓰고 불상도 잘 만들었어. 그가 커다란 불상을 만들 때는 사람들이 앞 다투어 나섰다고 해.

그때 사람들이 진흙을 퍼 나르면서 부른 노래가 바로 앞에서 본 〈공덕가〉야. 한마디로 노동을 하면서 부르는 민요였지. 예나 지금이나 노동은 힘든 일이야. 육체적으로 고달프니 말을 아꼈겠지. '오다'를 반복하며 행동을 통일하거나 힘을 집중했을 거야.

문제는 바로 그 다음에 나오는 '서럽다'에 있어. 대체 공덕을 닦으러 오는데 무엇이 서럽다는 말일까? 지금 일이 너무 고통스러우니 '서럽다!'고 토로하는 것 일 수도 있겠지만 왠지 석연찮은 구석이 있어. 이에 대해 제대로 이해하려면 양지 스님이 만든 불상이 어떤 것인지 살펴야만 해.

『삼국유사』에 따르면, 이 불상이 보통이 아니었나 봐. 불상을 만드는 데 들어간 비용이 자그마치 쌀 2만 3천7백 가마라고 해. 엄청나

중요한 건 '서럽다'에 있어.

게 큰 금액이어서 믿기 어려울 정도지. 금칠을 하느라고 그렇게 많이 들어갔다고 하는데, 아무튼 어마어마한 비용이야.

이제 여기에서 진흙을 날랐다는 사람들의 속내를 조금 알 수 있어. 그렇게 많은 돈이 들어가는 일을 하자면 여러 부류의 사람들이 필요하겠지. 먼저 그런 엄청난 일을 시작할 수 있게 한 양지 같은 스님, 그 일을 총괄하고 지휘하는 사람, 솜씨 좋은 기술자, 금가루를 입히는 데 들어가는 막대한 비용을 지불하는 사람 등이 힘을 합쳐야만 해. 그런데 그런 특별한 일에 보탤 것이 없는 보통 사람들이라면 어떻게 하겠어? 불교 공부가 대단한 것도 아니고, 특별한 기술도 없고, 돈도 없다면 어떻게 하겠느냔 말이지. 이럴 때는 노력 봉사를 할 수밖에 없어. 바로 이때의 심경이 '서럽다'로 집약되어 있는 것이겠지.

그러나 오해는 금물이야. 혹시라도 남들은 그렇게 해서 폼이 나는 일을 하는데 나는 기껏 진흙이나 나르는 주제이니 서럽다고 해석한다면 작품의 가치가 너무 떨어질 테니까. 물론 보통 사람들이 진흙 나르는 일을 하는 게 부자가 내는 금덩이보다 하찮아 보일 수도 있지만, 그것이야말로 진정 '공덕(功德)'을 닦는 거룩한 행위이기 때문이야.

그러니까 "서럽다 우리들이여"를 외치면서도 결코 서럽지 않은, 우리들은 모두 공덕을 닦고 있다는 자부심이 드러나 있다고 보면 좋겠어. "우리들은 아무 가진 것이 없지만 부처님의 뜻을 세우는 데 꼭 필요한 공덕을 쌓을 수 있으니 얼마나 좋은가. 서러운 우리 벗님들아, 어서 와서 함께 공덕을 쌓자."며 결의하는 노래란 말씀.

그래, 서러움을 담은 노래를 하면서 서러움이 쌓이는 게 아니라 그간의 서러움이 저 멀리 달아나고 그토록 원하던 부처님의 세계가 더 가까이 있음을 느끼는 기적을 보는 거야.

노래는 힘이 세다

이런 마음은 너도 알 거야. 엄청나게 슬픈 일을 겪고 있을 때, 기쁜 노래를 해서 마음을 바꾸는 방법도 있지만, 거꾸로 아주 슬픈 노래를 하면서 기운을 되찾을 수도 있잖아. 우울할 때 "나는 즐거워요."라는 노래를 부른다고 즐거워지는 것이 아니라, "지금 나는 우울해."라고 부를 때 우울함도 가시고 새롭게 살아갈 힘도 생기는 법이니까. 노래는 그렇게 거꾸로 풀어내는 마력이 있어. 게다가 아직 오지도 않은 일을 앞당기는 데 놀라운 힘을 발휘하기도 해. 향가 가운데 가장 널리 알려져 있는 〈서동요(薯童謠)〉가 그런 경우지.

말이 짧을수록 해석이 풍부해진단다.

백제 제30대 무왕의 이름은 장이다. 어머니는 과부였는데, 서울의 남쪽 못가에 집을 짓고 살다 그 못의 용과 정을 통해 그를 낳았다. 어려서 이름은 서동인데, 재주와 도량이 헤아리기 어려울 정도였다. 그가 늘 마를 캐서 팔아다 생활했으므로, 이곳 사람들이 이름을 그렇게 부른 것이다.

어느 날 신라 진평왕의 셋째 딸인 선화 공주가 세상에서 둘도 없이 아름답다는 소문을 들었다. 그는 머리를 깎고 신라의 서울로 갔다. 동네 여러 아이들에게 마를 나눠 주었더니, 아이들이 그에게 다가와 가까이 했다. 그래서 노래를 짓고는 아이들을 꾀어 부르게 했다.

선화 공주님은
남모르게 짝지어 놓고
서동 서방을
밤에 몰래 품고 간다

노래는 서울에 쫙 퍼져 마침내 대궐까지 들렸다. 그래서 모든 신하들이 강력히 요청하여 공주를 먼 곳으로 유배 보내게 되었다.

서동요는 주술의 힘을
보여 주는 최고의 노래!

결국 공주가 대궐을 떠나게 되자 왕비가 순금 한 말을 여비로 주었다.

공주가 유배지에 도착할 즈음 서동이 길 위에 나타나 절하고는 모시고 가려 했다. 공주는 그가 어디서 온 사람인지 몰랐지만 우연이라 믿고 기뻐하였다. 그래서 서동이 공주를 따라가게 되고 몰래 정을 통했다. 나중에야 공주는 서동이라는 이름을 알게 되고, 이리하여 노래의 효험을 믿었다.〔기이2 〈무왕〉〕

〈서동요〉는 정말 주술의 힘이 무엇인지를 확실히 보여 주는 노래야. 마에 해당하는 한자가 '서(薯)'이니까 서동은 그냥 별명 같은 거야. 마를 캐다 파는 아이라는 뜻으로 아마 '마동이'쯤으로 불렀을 것 같아. 그런데 그런 천한 남자가 이웃 나라의 공주를 아내로 얻었지. 서로 다른 신분이나 지위에 있는 남녀가 만나는 방식은 이야기마다 입을 맞추기라도 한 듯 하나의 틀에 맞추어져 있곤 해. 한쪽은 지나치게 신분이 높고 한쪽은 지나치게 신분이 낮은 식으로 말이야.

이 이야기에서도, 한쪽은 공주인 데다 예쁘다고 소문이 자자한 사람이고 한쪽은 과부의 자식인 데다 마나 팔아서 생계를 꾸려야 하는 딱한 처지이구나. 물론 다분히 신화적인 내용이어서 섣부른 해석을 피해야겠지만, 도저히 만날 수 없는 사람들이 만나게 된 계기가 노래인 것만은 분명해.

서동이 있지도 않은 일을 노랫말에 담아 퍼뜨렸고, 그 때문에 선화 공주는 궁궐에서 쫓겨났으며, 결국 노래대로 이루어지게 되자 공주의 마음이 흔들리게 되잖아? 말이든 노래이든 거기에 담긴 내용대로 세상이 바뀐다면 '주술'이고, 〈서동요〉는 그 주술의 힘을 한껏 발휘했어.

그런데 이 노래가 서동의 흑심만 채워 주는 데 그치고 말았다면 한갓 나쁜 술책을 쓰는 데 지나지 않았을 거야. 다행히도 실제 이야

기는 그 이상이지. 공주는 어머니가 준 금을 가지고 궁을 떠나 서동을 만났고, 그에게 금을 보여 주며 함께 살자고 해. 서동이 크게 웃으며 그게 무엇이냐고 묻자, 공주는 백 년은 부자로 지낼 만한 보물이라고 일러 주거든. 서동은 그런 물건은 자신이 마를 캐는 데 가면 진흙처럼 널려 있다고 말하지. 엄청나게 많은 금덩이를 얻어 부자가 된 그들은 지명 스님의 신통력을 빌려서 신라 궁궐로 그 금들을 옮겨 놓고 인심을 얻게 되지.

이 과정을 보면 바깥으로 내쫓기게 된 선화 공주가 다시 자기의 자리를 찾아가는구나. 즉 서동도 승리하고 공주도 더 큰 것을 얻는 공동

승리가 이루어지고 있는 셈이야. 선화 공주가 서동과 함께 살게 된다는 그 노래가 실제로 이루어짐으로써, 두 사람의 행불행이 뒤바뀌는 것이 아니라 모두 행복해지는 이야기인 것이지.

노래의 힘은 그렇게 위대해. 〈공덕가〉처럼 고달프게 일하면서도 신바람을 불러 올 수 있게 하는가 하면, 〈서동요〉처럼 불가능한 일을 미리 노래함으로써 이루어지게도 하지. 남보다 가진 것이 적은 딱한 형편에서도 부자 못지않은 힘을 보태게도 하고, 도저히 만나기도 어려울 것 같은 남녀가 배필이 되게도 하지.

유리구슬이 배나무가 된 까닭은?

이번에는 좀 더 신나고 재미있는 말놀이를 볼까? 신라 말기에 살았던 보양이라는 스님 이야기인데, 이 스님이 중국에 가서 불법을 전수받고 돌아오는 길에 서해 바다에서 용을 만났대. 서해의 용은 그를 용궁으로 맞아 불경을 외우게 하고는, 답례로 스님들이 입는 금실로 지은 가사 한 벌을 주면서 자신의 아들인 이목을 딸려 보냈어. 그러면서 우리나라는 삼국이 소란하여 불법을 믿고 따르는 임금이 없는데, 이목과 함께 가서 작갑이란 곳에 절을 세우고 살면 도적이 없는 태평 시

아니, 그럼 백성들을 위해 비를 내려 주던가!
왜 나한테 뭐라 그래….

대를 맞을 것이고, 머지않아 삼국을 안정시킬 현명한 임금이 나올 것이라고 했어.

너도 이제 『삼국유사』 이야기를 제법 많이 보았으니, 그 다음은 짐작할 만하겠지. 그래, 맞아. 당연히 보양 스님은 이목과 함께 귀국하여 작갑이란 곳을 찾아 절을 세웠지. 그러자 서해 용왕의 예언대로 왕건이 나타나 나라의 혼란을 잠재우고 '고려'라는 새로운 왕조를 열었어. 고려의 태조인 왕건은 보양 스님의 이야기를 듣고 작갑사로 와서 많은 땅을 절에 바치면서 '운문 선사'라는 현판을 내렸어. 이 절이 바로 경북 청도군 운문면에 있는 운문사야. 자, 지금부터의 이야기가 중요하니까, 함께 읽어 보자.

이목은 늘 절 옆에 있는 작은 연못에 살면서 밖으로 드러내지 않은 채 불교의 이치가 퍼져 나가도록 도왔다.

그러던 어느 한 해, 몹시 가물어 밭의 채소가 말라 타들어 갔다. 보양 스님이 이목을 시켜서 비를 부르도록 했더니 그 일대에 비가 충분히 내렸다. 그러자 하느님은 이목이 직분을 제대로 수행하지 못했다 하여 죽이려고 하였다. 이목이 보양 스님에게 이 사실을 알리자 스님은 그를 마루 밑에 숨겨 주었다.

아우, 조용히 해 봐!
나 생각 좀 하게!

잠시 후 천사가 뜰에 와서 이목을 내어놓으라고 했다. 스님은 뜰 앞에 있는 배나무를 가리켰다. 그러자 천사는 이내 배나무에 벼락을 내리치고는 하늘로 올라갔다. 그래서 배나무가 부러지고 시들었지만 용이 어루만지자 되살아났다.(*보양 스님이 주문을 외워서 살렸다고도 한다.)(『의해』 〈보양과 이목〉)

이목은 서해 용왕의 아들이라고 했지? 이목이 바다를 떠나 육지로 와서도 연못에 살았던 것은 그런 이유일 거야. 규모가 작아지긴 했어도 아무튼 물이잖아. 그런데 가뭄이 심하게 들자 보양 스님이 이목더러 비를 부르라고 했단 말이야. 물론 이목에게 그럴 능력이 있으니까 시켰을 것이고, 이목은 그 일을 잘 해냈지. 가뭄에 힘들어했던 사람들에게는 참 고마운 일이지. 그런데, 비를 내리고 내리지 않고 하는 일은 본래 하느님의 소관이잖아. 그래서 하느님이 노한 거야. 주제넘게 나서서 하늘의 일을 제멋대로 했다는 거지.

자, 여기에서부터 말놀이가 시작되니까 정신 바짝 차리자. 이제 천사가 등장하는데, 천사는 하느님이 보낸 심부름꾼이야. 그러니 천사에게 대항하는 것은 하느님께 대항하는 것과 같아. 제아무리 불법을 닦은 보양 스님이라 하더라도 하느님께 거짓말을 할 수는 없지. 천사

지금 한자 공부하라는 주술?

는 이렇게 말했겠지.

"이목을 내놓아라!"

이목은 용의 아들 이름이잖아. 한자로 풀면 '유리 눈[璃目]'이라는 뜻이야. 용의 눈이라는 게 유리구슬처럼 생겼으니까 그런 이름이 붙었겠지. 게다가 큰 구렁이가 용이 되기 직전을 '이무기'라고도 하니, 어린 용의 이름으로는 제격이었을 거야.

그런데 천사가 이목을 내놓으라고 호령을 하는데 뻔히 감추고 있으면서도 없다고 할 수는 없잖아. 그래서 보양 스님이 순간적으로 꾀를 낸 거야. 하느님의 사신에게 거짓말을 할 수는 없고, 그렇다고 자기 말을 들어 착한 일을 한 이목을 죽일 수도 없었던 거야. 스님은 '이목'을 한자 '梨木(이목)'으로 쓰면 그 음은 같지만 전혀 다른 뜻이 되는 걸 이용했지. 이 이목은 바로 배나무라는 뜻이야.

그러니까 유리 눈이라는 뜻의 이목을 내놓으라고 했는데 배나무라는 뜻의 이목을 가리킨 거야. 음은 같지만 뜻이 다른 동음이의어를 이용하여 이목을 구해 냈으니까, 말장난을 통해 목숨까지 구한 거야. 이런 말장난은 한자를 모르면 전혀 할 수 없으니까, 말장난을 잘하려면 공부를 잘해야 하는 건가?

우리 문화유산 가운데 향가가 중요한 이유는?

우리 문화를 살피는 방식은 여럿 있지만, 가장 오래된 것을 찾는다면 고고학적 발굴이 쉬울 겁니다. 선사 시대 무덤을 파 보았더니 어떤 장식품이 나왔다는 식의 기사를 떠올려 보면 금세 알 수 있지요. 그러나 그렇게 나오는 문화유산은 구체적인 형상을 갖고 있다는 점에서는 분명하지만, 그것을 어떻게 썼는지까지 알려 주지는 않습니다. 더구나 그 당시 사람들이 어떤 행동을 하며 어떤 삶을 살았는지까지는 단서만 제공할 뿐 분명하지 않지요. 일찍이 우리 삶을 제대로 적어 낼 만한 우리 문자가 없었기 때문입니다. 문자 이전의 시기에 나온 노래 등이 한자로 번역되어 겨우 남아 있기는 하지만, 이미 한 번 변화한 것이지요.

이 점에서 향가는 매우 소중한 자료입니다. 향찰식 표기라는 독특한 방법을 사용하여, 비록 한자를 쓰기는 했지만 어떤 때에는 음을 활용하고 어떤 때에는 뜻을 활용하여 우리말로 말하던 그대로 쓸 수 있었습니다. 예를 들어 〈서동요〉의 처음은 한자 원문이 "善花公主主隱"입니다만, 앞의 '善花公主'는 그대로 '선화 공주'로 읽고, 바로 뒤의 '主'는 뜻을 살려 '님'으로 읽고, 맨 뒤의 '隱'은 문법적인 기능을 하는 조사 '-은'으로 읽는 방식입니다. 이렇게 되면 그 첫 구가 '선화공주님은'이 됩니다. 복잡하고 불편한 과정을 거치기는 하지만 우리말이 어떻게 기록되었는지를 알려 주는 좋은 자료이지요.

이렇게 하면 네 줄로 부른 노래는 네 줄 그대로, 열 줄로 부른 노래는 열 줄 그대로 살려 낼 수도 있습니다. 그러나 우리 노래를 일단 한문으로 번역하게 되면 한시의 형식에 따라 모두 네 줄이나 여덟 줄로 통일되고 한 줄의 글자 수도 한시 형식에 맞게 변형되어서 본래의 모습을 잃게 됩니다. 그러므로 향가는 적어도 우리 언어문화에 관한 한, 우리가 확인할 수 있는 가장 오래된 진짜 문화유산이라고 할 수 있겠네요.

열째 놀이. 하늘을 움직여라

스님, 여자 거지를 끌어안다

벌써 마지막 놀이로 접어들었구나. 이 책의 순서는 생각나는 대로 쓴 것 같지만 사실은 『삼국유사』의 순서를 엇비슷하게 따라온 것이기도 하단다. 그렇다면 이번 장은 『삼국유사』의 마지막 편이라고 보면 돼.

마지막의 편명은 「효선(孝善)」이야. 말 그대로, 효선은 효도와 선행을 뜻하지. 이상한 점은, 집을 떠나 따로 절에 사는 스님이 쓴 책에 효도 이야기가 나온다는 거야. 정말 효도를 하려면 집에서 부모님을 모셔야 할 텐데, 출가를 하면서 효도를 한다는 게 영 이상한 일이지.

사실 일연 스님은 효자로 소문이 난 분이야. 노모에 대한 효성이 지극했고, 나이 드신 어머니를 모시기 위해 경상북도 군위에 있는 인각사로 내려가 바로 그곳에서 『삼국유사』를 완성하였으니 말 다했지. 그 덕에 지금도 군위는 '『삼국유사』의 고장'이라는 것을 자랑스럽게 여기고, 또 많은 행사를 주최하고 있어.

　「효선」 편의 핵심은 한 가지야. 진심을 다하면 누군가가 돕는다는 거지. 도와주는 게 사람이든, 하늘이든, 부처님이든 그 마음을 헤아려서 복이 오는 거야.

　본격적인 이야기로 들어가기 전에 '우공이산(愚公移山)'이라는 고사를 일러 주어야겠다. 글자대로 풀면 우공(愚公)이라는 사람이 산을 옮기는 이야기야. 우공의 '우'는 어리석다는 뜻이니까 어리석기로 소문난 사람이었겠지. 이 사람이 나이가 아흔을 바라보는 노인이었는데, 집 주변에 태항산이라는 큰 산이 있었어. 둘레가 7백 리나 된다는 엄청나게 큰 산이었지. 그런데 그 산 때문에 다니기가 불편해서 삼태기로 흙을 떠다가 옮기기로 했어.

　주변에서는 비웃었지만 노인은 아랑곳하지 않았어. 자신이 못하면 자기 자식이 하고, 그 자식이 못하면 또 손주가 하면 된다는 거지. 그 말을 들은 산신이 겁이 나서 하느님께 그 사실을 알렸거든. 그래서 결

출가는 불효라는 편견을 버려!

국 하느님이 그 산을 옮겨 주었지. 그러니까 이 산을 옮긴 사람은 우공이 아니라, 우공이 옮기려고 애를 써서 하느님이 옮겨 주었다는 이야기야. 하늘을 움직인다는 것은 바로 그런 거야. 하면 된다는 생각으로 무조건 달려드는 게 중요한 게 아니라, 자기보다 더 큰 힘을 가진 존재를 움직여서 기적을 일구어 내는 거지.

자, 먼저 간단한 이야기부터 한 편 보자. 「효선」 편에 있는 이야기가 아니고 「감통」 편에 있는 것이지만 그 핵심 원리는 같으니까. 느낌이 서로에게 전해져서 통하면 그것이 바로 '감통'이거든. 여기서는 하늘과 부처님, 인간 등이 그렇게 통하는 것을 말해.

신라 제40대 애장왕 때에 정수 스님이 황룡사에 임시로 머물고 있었다. 겨울날 눈은 깊이 쌓이고 날은 이미 저물었는데, 스님이 삼랑사에서 황룡사로 되돌아가던 중이었다. 그가 천엄사 문밖을 지나다 보니 웬 여자 거지가 아이를 낳고는 추워서 다 죽어갈 지경이었다.

그는 그 광경을 보고 딱한 마음이 들어 그리로 가서 여자 거지를 끌어안고 한참 있었더니 그녀가 소생하였다. 그러고는 제 옷을 벗어 그녀를 덮어 주고는 벌거벗은 몸으로 황룡사의 본사로 달려

단 하나의 선행으로
나라의 스승이 된 거네요.

가 거적때기로 몸을 덮고 밤을 보냈다.

그날 한밤중에 대궐 뜰에 하늘로부터 소리가 들려왔다.

"황룡사의 중 정수를 왕사로 봉할지어다!"

왕이 급히 사람을 시켜 조사하게 하였더니 심부를 갔던 사람이 그 사실을 자세히 아뢰었다. 왕은 깍듯이 예의를 갖추어 정수 스님을 대궐로 맞아들여 국사로 모셨다.(「감통」〈정수 스님이 꽁꽁 언 여자를 구하다〉)

정수라는 스님 이야기인데, 이 스님에 대해서는 특별한 행적이 기록되어 있지 않고 이 이야기만 전해져. 대단한 공부를 하기로 결심하고 집을 나왔다거나, 중국이나 인도로 유학을 하여 학식이 높다거나, 남들에게서는 볼 수 없는 신비로운 기적이 일어나는 등의 특별함이 없는 거야. 그렇지만 이 스님은 한 가지 선행으로 국사가 되지.

이 스님이 황룡사라는 절에 잠시 손님처럼 묵고 있을 때였어. 사람들은 자기가 살고 있는 곳에서는 행동이 자유롭지만 조금만 낯선 곳에 가면 무엇이든 조심하게 돼. 그런데 이 스님이 얼어 죽어 가는 여자 거지를 발견한 거야.

보통 스님이라면 이런 상황에서 어떻게 했을까? 아마도 근처에 사

앞뒤 재지 않고 남을 도울 수 있는
사람이라면 충분히 자격이 있지.

람이 있는 곳을 찾아 알렸을 거야. 정수 스님처럼 앞뒤 재지 않고 덥석 끌어안는 일은 말처럼 쉽지가 않아. 스님이 여자를 끌어안았다면 오해 사기 십상이고, 또 몰골이 말이 아니었을 테니 가까이 다가가기도 꺼려졌을 테니까 말이야. 그러나 정수 스님은 일단 그 여자가 불쌍하다는 생각이 들어서 그렇게 했고 덕분에 살려 냈어. 그렇다면 이제 정말 사람을 부르든가, 자신이 죽어 가는 사람을 구해 냈다고 우쭐댈 수도 있는데 그러질 않았어. 그저 자신이 할 수 있는 최대한의 일, 옷을 벗어 덮어 주는 일을 하고 돌아간 거지.

자, 눈 덮인 밤에 발가벗고 뛰는 스님 모습을 한번 상상해 보렴. 그 뛰어가는 뒷모습이 눈에 선하지 않니? 그것은 아무나 할 수 없는 일이고, 그래서 눈물 나게 아름다운 모습이기도 하지. 스님은 그렇게 돌아가서는 거적때기를 덮고 잤다고 했어. 객지에 있어서 그러기도 했겠지만 가진 옷이라고는 그 여자를 덮어 준 가사 한 벌뿐이라는 뜻이기도 하지. 남에게 베풀 때는 그렇게, 남아서 주는 게 아니라 자기도 부족하지만 아낌없이 다 넘겨줄 때 빛이 나는 거야. 들어가서 제 옷을 하나 찾아 입었다고 하면 이 이야기의 감동은 크게 떨어지겠지.

지원아, 이런 이야기를 읽을 때면 잘 믿기지 않지? 아무리 옛날이야기라고 해도 하늘에서 그런 소리가 들리고, 또 임금이 그 말대로 벼

자리나 바라고 남을 돕는
사람들과는 비교가 안 되네요.

슬을 내리고 하는 일이 이상할 거야.

옛말에 '사지(四知)'라는 것이 있단다. "하늘이 알고, 땅이 알고, 내가 알고, 네가 알고."라는 뜻이야. 정수 스님이 그런 일을 한 것을 아무도 모를 것 같지만, 사실은 그 일의 당사자인 정수 스님과 불쌍한 여인, 그리고 그 일이 일어난 땅, 그 일을 위에서 내려다보는 하늘이 알고 있다는 거지. 아마도 누군가의 입을 통해 돌고 돌아서 소문이 났겠고, 하늘의 소리 또한 그 소문 가운데 하나였을 것 같구나. 그 소문이 하도 크게 나니까 임금이 수소문해 보도록 했겠고, 사실이 확인되어 국사 자리를 내린 게 아닐까 하는 생각이 든다.

생각해 보면 간단해. 하늘을 감동시키려면, 그 이전에 사람을 감동시켜야 한단다. 사람도 감동하지 않는데 하늘이 반응할 리가 있겠어? 사람들이 이구동성으로 그 사람에 대한 칭찬을 할 때, 결국 하늘이 알아준다는 뜻이지. 하늘은 본래 어느 한쪽에 치우침이 없이 골고루 사랑하는 까닭에, 사람들이 흔히 그러듯이 누군가에게만 좋은 일을 하지는 않는단다.

지원아, 이 말을 새겨 두렴.

"온 세상에 두루 좋은 일을 하는 사람만이 하늘의 보살핌을 받는다!"

전생에도 후생에도 효도하다

하늘을 감동시킨 사람의 이야기는 『삼국유사』에 아주 흔하단
다. 경주 불국사를 지은 김대성 이야기가 그 대표적인 사례야. 제목은
〈대성이 두 세상의 부모에게 효도하다〉야. 김대성이 첫 번째 생을
마친 후 다음 생에서는 다른 부모 밑에서 태어났는데, 전생의 부모와
후생의 부모에게 모두 효도했다는 뜻이지.

신라 제31대 신문왕 시절, 경주의 모량리에 가난한 여인 경조가
살았다. 그녀에게 아이가 하나 있었는데 머리가 크고 이마가 평평
한 것이 꼭 성과 같아서 '큰 성'이라는 뜻의 대성으로 이름지었다.
그녀는 집안이 가난하여 아들을 기르기 어려워서 복안이라는 부
잣집에 품팔이를 하여 살아갔다. 복안의 집에서는 그녀에게 밭뙈
기를 나누어 주어 그것으로 생활비를 충당하도록 하였다.

이때 고승 점개가 흥륜사에 와 있었다. 그는 법회를 열기 위해
복안의 집에 와서 시주해 줄 것을 청했다. 복안이 베 오십 필을 시
주하자 점개가 이렇게 축원하였다.

"신도께서 보시를 좋아하시니 천신께서 항상 보호해 줄 것입니

대성이는 나이도 어린데 어떻게
가진 걸 다 내놓을 생각을 했을까요?

다. 하나를 베풀면 만 배를 얻을 것이요, 안락하고 장수할 것입니다!"「효선」〈대성이 두 세상의 부모에게 효도하다〉

김대성이 제일 처음 등장하는 대목이야. 그가 어떻게 하늘을 감동시키는지 살펴보렴. 맨 먼저 그의 집이 몹시도 가난했잖아. 어머니가 부잣집에 품팔이를 해서 겨우 먹고사는 정도였고, 그 집에서 땅을 조금 나누어 준 것으로 겨우겨우 살아가는 형편이었어. 그런데 그의 주인집에서는 베 오십 필을 아주 쉽게 시주했지. 그것이 만약 만 배로 돌아온다고 계산해 보면 베 오십만 필이 생긴다는 이야기야.

신기하기도 하지만 만일 그대로 된다면 상당히 복잡한 느낌이 들겠지. 우선, 복안은 부자니까 베 오십 필을 시주해도 먹고사는 데 아무 문제가 없어. 그렇지만 대성의 집은 그날 벌어 그날 먹는 형편이니 시주할 게 없는 거야. 정말 만 배를 받는다면 본래 부자인 복안은 많이 낼 수 있으니까 훨씬 더 큰 부자가 되고, 가난한 대성은 낸다고 해도 돌아올 게 그리 크지 않게 되지. 그렇다면 어떻게 해야 할까?

대성이 이 말을 듣고 뛰어 들어와서는 어머니께 말씀드렸다.
"제가 문에서 스님이 하는 소리를 들었는데 하나를 시주하면

그러니 후생에 복을 받는겨!

만 배를 얻는다고 하셨습니다. 아무리 생각해도 저희들은 아마도 전생에 좋은 일을 하지 않아 이렇게 가난하게 사는 듯합니다. 만약 이번 생에서도 시주를 않는다면 다음 생에서는 더욱 가난할 것 같은데, 우리 밭을 시주하여 다음 생에 그 보답을 기다리는 것이 어떻겠습니까?"

"좋다."

어머니가 이렇게 말하고는 곧 밭을 점개에게 시주하였다.(「효선」 〈대성이 두 세상의 부모에게 효도하다〉)

여기에서 주인공은 대성의 어머니가 아니라 어린 대성이야. 어린 나이에도 이미 어떻게 해야 하는지를 잘 알고 있잖아. 가진 것이 적으니까 할 수 없다는 것이 아니라, 그나마 가진 것이라도 다 베풀어서 악순환을 끊자는 것이지.

살다 보면 그런 순간이 많아. 가난해서 공부를 할 수 없고, 공부를 못하니까 좋은 직업을 갖기 어렵고, 좋은 직업을 갖지 못하니까 일을 더 많이 해야 하고, 일을 무리해서 하다 보니까 몸이 상하고, 몸이 상하니까 일을 못하고, 일을 못하니까 가난하고… 그렇게 자꾸자꾸 돌다 보면 다시 원점으로 돌아가서 사태는 더 나빠지는 일이 많단다.

그럴 때는 그것이 어디에서였든 결단을 내려서 그 연결 고리를 끊는 것이 필요하지. 그런데 바로 그 일을 대성이 한 거야. 그 결과는, 놀랍게도 이렇게 펼쳐지지.

오래지 않아 대성이 죽었다. 그날 밤, 재상 김문량의 집에서는 하늘에서부터 외치는 소리가 들려왔다.

"모량리의 대성이라는 아이가 곧 너희 집에 태어날 것이다!"

집안사람들이 모두 대성이 누구인지 몰라 모량리를 샅샅이 살피게 했다. 그랬더니 정말 그 말대로 대성이 죽었다고 했다.

김문량의 아내는 하늘에서부터 소리가 들려오던 그날 임신하여 아이를 낳았다. 그런데 아이가 왼손을 쥐고 펴지 않다가 칠 일만에야 겨우 손을 폈는데, '대성' 두 글자를 새긴 금패를 쥐고 있었다. 그래서 아이 이름을 그것으로 하고, 또 그 전의 어머니를 집으로 데려와서 아이를 함께 길렀다.(「효선」 〈대성이 두 세상의 부모에게 효도하다〉)

앞의 이야기에서는 계속 '대성'이라고만 나오다가 처음으로 아버지 성이 김(金) 씨인 걸로 나오니까, 비로소 '김대성'이 된 것이지. 지금

가진 것을 다 베풀어서 악순환을
끊어 낸 거지. 엄청난 결단!!

은 누구나 있는 성씨이지만 예전에는 그렇지 않았어. 노비 같은 천한 사람들은 당연히 성이 없었고, 또 많은 성씨들이 고려 중엽 이후에 임금이 내려 주어 사용하게 된 경우여서 신라 시대라면 성이 있다는 것만으로도 귀족임에 틀림없어. 게다가 김문량은 재상이라고 했잖아. 재상은 임금 바로 아래의 높은 벼슬이니 더없이 귀한 집에 태어난 거야. 전생의 대성이 착한 일을 베풀어서 그 결과로 이렇게 좋은 집에 태어난 것이고, 또 그 덕분에 고생하던 전생의 어머니까지 모시면서 살 수 있었던 거지.

그러나 다시 태어난 김대성은 잠깐 전생의 일을 잊었던 것 같아. 사냥 놀이에 푹 빠져 지냈으니까 말이야. 그가 사냥한 곰이 꿈에 나타나 잡아먹겠다고 위협을 하자, 그는 절을 지어 용서를 빌기로 약속을 하지. 그리하여 절을 세우는데 현재의 부모인 김문량 부부를 위해서는 불국사를 세우고, 전생의 부모인 가난한 시절의 어머니를 위해서는 석불사를 세웠다고 해.

전생에서는 몹시 가난했음에도 보시를 하여 악순환을 끊고, 그 덕분에 후생에서 좋은 집에 다시 태어나자 절을 세워 부처님의 뜻을 기린 것이지.

김대성의 이야기는 단순히 효도를 하는 이야기가 아니야. 효도와 선행이 다 이루어지고 있어. 불교를 믿는 사람들이라면 가장 선한 일이 바로 불교적인 깨달음을 얻고 그걸 실천하는 일이겠지. 김대성은 맨 먼저 없는 살림에도 시주를 했고, 그 다음으로는 살생한 잘못을 크게 뉘우쳐 절을 지었어. 그것도 두 생에 걸친 부모님을 위해서 말이야. 선행도 하고 효도도 한 것이지.

손순의 효를 생각하다

그러나 『삼국유사』의 효도 이야기 가운데는 고개를 갸우뚱하게 만드는 이야기도 있어. 한 번 볼까?

신라 제42대 흥덕왕 때 손순이라는 사람은 경주의 모량리 사람으로 아버지 이름은 학산이다. 아버지가 죽은 후 아내와 함께 남의 집을 돌아다니며 곡식을 얻어 늙은 어머니를 봉양하였는데 어머니 이름은 운오였다.

손순에게는 어린아이가 있었는데 매번 할머니 음식을 빼앗아서 손순은 곤혹스러웠다. 손순은 아내에게 이렇게 말했다.

"아이야 또 얻을 수도 있겠으나 어머니는 다시 구할 수가 없소.

자식을 희생해서라도 부모를 봉양하려는 문제적 이야기도 있어.

아이가 음식을 빼앗으니 어머니께서는 또 얼마나 배가 고프시겠
소? 아이를 땅에 묻어 어머니를 배부르게 합시다."

　그러고는 곧 아이를 업고 취산의 북쪽 교외로 가서는 땅을 팠
다. 그런데 거기에서 기이한 모양의 돌종이 나왔다.(『효선』 〈손순이 아
이를 묻다〉)

〈손순이 아이를 묻다〉인데 흔히 한문 원문대로 '손순매아'라는
제목으로 널리 알려진 이야기야. 제목부터 끔찍하게도 자기 자식을
묻는다는 뜻이야. 문제는 철없는 아이가 할머니 음식을 빼앗아 먹는
다고 멀쩡하게 살아 있는 아이를 땅속에 파묻겠다는 발상이지.

　이런 식의 이야기는 여기 말고 입으로 전해지는 설화에도 아주 많
아. 치매에 걸린 할아버지가 갓난 손주를 삶았다는 식의 이야기 말이
야. 물론 그런 이야기도 끝은 좋아서 나중에 솥뚜껑을 열고 봤더니 아
이가 아니라 아이 모양의 동자삼이고 손주는 멀쩡히 살아 있지.

　손순 또한 아이를 땅에 파묻으려고 했지만 신비로운 돌종이 하나
나와서 하늘의 뜻인 것을 알게 되지. 그래서 아이를 죽이지 않고 그
돌종을 가지고 돌아와. 그런데 그 돌종에서 나는 소리가 대궐에까지
들리게 되고 왕이 어떤 종인지 알아보도록 해. 손순의 효성이 알려지

오늘의 상식으로는 옛 상식을
받아들이기가 힘드네요.

자 집 한 채를 내린 것은 물론 매년 쌀을 오십 가마씩 주었다고 해.

이 또한 하늘이 감동하여 그런 특별한 선물을 내린 게 분명하니까, 앞서 본 이야기들과 크게 다르지 않아. 그렇지만 나는 이런 이야기들에서는 그리 큰 감동을 느끼지 못하겠구나. 아무리 효도가 좋다고 해도 자식을 땅에 묻는다는 게 말이 되지 않기 때문이야.

설령 말이 된다 한들, 살아 계신 어머니의 마음속은 또 어떻겠니? 늙어서도 죽지 않고 식량만 축내느라 귀한 손주를 잃게 했다는 죄책감에 끝까지 시달리지 않겠어? 부모는 부모대로 자식을 죽였다는 회한을 어떻게 감당하겠으며, 눈을 말똥말똥 뜨고 구덩이 속에 들어가 앉아 있는 아이의 모습이 눈에 밟혀서 아마 살아도 살아 있는 것 같지 않겠지.

아무리 끝이 좋다 해도 이런 이야기는 퍼뜨리지 않는 게 좋을 것 같구나. 하늘이 정말로 공정하다면, 다른 해법을 찾아야 할 것 같기 때문이야. 또 그런 일에 대처하는 임금의 자세 역시 마음에 들지 않아. 먹을 게 없어서 아이를 묻을 정도라면 나라 살림이 형편없다는 이야기인데, 그런 황당한 일을 한다고 매년 쌀 오십 가마씩을 내린다는 것은 상식을 넘어선 일이야. 물론, 그런 이야기들을 상식을 넘어서는 희생과 제의로 설명할 수도 있지만, 너에게까지 구구히 설명하고 싶지 않구나.

진정과 그 어머니

사실은 그보다 훨씬 괜찮은 효도 이야기가 많이 있단다. 부모를 위해 효도한다지만, 부모는 아무 일도 안 하고 자식을 희생하는 식으로 해서는 감동이 덜할 수밖에 없어. 하늘이 정말 공정하다면, 효도를 함으로써 부모도 살고 자식도 사는, 또 그 과정에서 부모도 노력하고 자식도 노력하는, 그래서 부모나 자식 모두 편안해지는 그런 이야기가 있어야 해. 바로 이런 이야기처럼.

진정 스님은 신라 사람이다. 스님이 되기 이전에 군대에 적을 두고 있었으나, 집안이 가난하여 결혼하지 못하였다. 병역을 하는 틈틈이 품을 팔아서 홀어머니를 봉양하였는데 살림살이라고 해봐야 고작 다리 부러진 솥단지 하나뿐이었다.

그러던 어느 날, 어떤 스님이 문 앞에 와서 절을 짓는 데 쓸 쇠붙이를 시주해 달라고 했다. 어머니는 솥을 내다가 시주를 하였다. 잠시 후 진정이 밖에 나갔다 돌아오자 어머니는 그 사정을 일러

진정한 효는 부모와 자식의
뜻이 같은 경우가 아닐까

210

주면서 아들의 뜻이 어떨지 걱정하였다. 진정은 기쁜 낯빛으로 말했다.

"부처님 일에 시주하는 게 얼마나 좋습니까? 솥이 없은들 무슨 걱정이겠어요?"

진정은 곧 질그릇을 솥 삼아 밥을 지어 어머니를 봉양하였다.(「효선」 〈진정 스님의 효와 선행이 둘 다 아름답다〉)

앞서 김대성 이야기에서 본 것처럼, 이 이야기 또한 어머니와 자식의 뜻이 같지? 다만 김대성의 경우는 아들이 나서서 시주할 뜻을 세우는 데 비해 여기에서는 어머니가 먼저 나서는 게 달라. 좋은 일을 하는 데 누가 먼저 나서든 상관은 없겠다.

그러나 살림살이와 관계되는 일이라면 어른이 먼저 나서는 게 아무래도 합리적이고 보는 사람 마음도 편하겠지. 어린 나이에 세상 이치를 알아서 어른을 이끌어 간다는 것이 말처럼 쉽지 않고, 그럴 경우 꼭 불편한 구석이 생기기 때문이야. 진정의 이야기가 이 정도라면 앞서 본 김대성과 별로 다르지가 않아 특별한 감흥이 없을 텐데 다음을 보자꾸나.

진정은 군대에 있을 때, 의상 대사가 태백산에서 불법을 가르치고

깨치는 건 어려운데
인생은 쏜살같이 지나는 법!

있다는 말을 듣게 돼. 의상 대사는 당시에 가장 훌륭한 스님으로 꼽히던 분이라 그를 찾아가 꼭 배우고 싶었지만, 어머니가 마음에 걸렸지.

"어머님께 효도를 다한 뒤에 꼭 의상 법사 밑에 가서 머리를 깎고 불교를 공부하겠습니다."

그러자 어머니는 단호하게 말해.

"불법은 만나기 어렵고 인생은 몹시도 빠르게 지나가는 법이다. 네 말대로 효도를 마친 뒤라면 너무 늦지 않겠니? 효도를 받는다고 어찌 살아생전 네가 공부하러 나아가 부처님의 도를 이루었다는 말을 듣는 것만 같겠니? 머뭇대지 말고 속히 가는 게 옳다!"

이 대목은 몇 번을 읽어도 참 멋있어. 아들은 계속 멈칫대고 어머니는 강하게 밀어붙이지.

"나 때문에 출가를 못한다면 나를 지옥에 빠뜨리는 셈이다."

급기야 어머니는 이렇게 말하며 아들을 다그쳐. 그러고는 특단의 조치를 내려.

어머니는 곧 일어나 쌀자루를 탈탈 털었다. 거기에서 쌀이 일곱 되가량 나오자, 그날로 그것으로 밥을 다 짓고는 말했다.

"네가 밥을 지어 먹어 가면서 간다면 더디게 될까 걱정이구나."

내 눈앞에서 당장 한 되는 먹고 나머지 여섯 되는 싸 가지고 서둘러 가거라!"

진정은 눈물을 머금으며 사양했다.

"어머니를 버리고 출가하는 일도 차마 못할 짓인데 간장과 며칠 분 양식마저 다 싸간다면 하늘과 땅이 제게 무어라 하겠습니까?"

진정은 그렇게 세 번이나 사양했지만 어머니도 세 번 권유했다. 진정은 어머니 뜻을 이겨 내기 어려워 길을 떠나 밤낮으로 재촉하여 사흘 만에 태백산에 도착하였다. 그는 의상 법사의 문하에 들어가 머리를 깎고 제자가 되어 법명을 '진정'이라고 하였다. 삼 년 후, 어머니가 돌아가셨다는 소식이 들려왔다. 진정은 가부좌를 틀고 선정에 들어가서는 칠 일 만에 자리에서 일어났다.(「효선」 〈진정 스님의 효와 선행이 둘 다 아름답다〉)

참 대단하지? 어머니 걱정하느라 떠나지 못하는 아들과 그러다가 때를 놓칠까 걱정하는 어머니 마음이 잘 드러나 있어. 있는 쌀을 모두 털어서 밥을 지어 놓고는 등을 떠미는 어머니 마음과 그 마음을 받들어 떠나는 자식의 마음 모두가 뭉클하지. 그런데 이 이야기에 붙은 제목이 〈진정 스님의 효와 선행이 둘 다 아름답다〉야. 선행을 했다는 것은 진정이 불교 공부를 해서 부처님 일을 열심히 했다는 뜻일 테니, 효도도 하고 불교 공부도 잘했다는 뜻이겠지.

이 이야기를 한 편의 영화라 생각하고 눈앞에 펼쳐지는 광경을 상상해 보렴. 어머니가 돌아가셨다는 말을 듣고 온 마음을 다해 수행하여 칠 일 만에 일어나는 저 늠름함! 그런 게 보이지 않니? 진정은 그 사실을 의상 대사에게 알렸다고 해. 대사는 그 말을 듣고 삼 천 명을 모아서 구십 일간 『화엄대전』이라는 불교 경전을 강의하는 자리를 만들었어. 진정의 어머니를 위한 특별 법회였겠지. 그 옛날에 삼 천 명이라는 숫자도 대단하고 구십 일이라는 기간도 대단해.

법회가 끝난 후엔 의상 법사의 제자 중 한 명인 지통 스님이 법회의 내용을 『추동기』라는 두 권의 책으로 엮어 세상에 퍼뜨렸어. 법회가 끝나고 나자, 진정의 어머니가 꿈에 나타나 이렇게 말했다고 해.

"나는 이미 하늘에서 환생했다."

불교에서 가장 중요한 일은 불법을 전파해서 온 세상 중생을 구제하는 일이야. 그러려면 어려운 불교 이치를 풀어서 모두가 알게 하는 게 꼭 필요한데, 진정의 효성은 결국 거기에까지 이른 거지. 어머니 또한 하늘나라의 극락을 경험했으니 얼마나 좋아. 그 어머니에

단순히 부모를 봉양하는 게 효가 아니고
어려운 사람을 돕는 것만이 선은 아니라는 거네요.

그 아들이야. 어머니는 그저 자식의 효도만 받고, 자식은 어머니를 봉양하느라 끝없는 희생을 했다는 이야기보다 이 이야기가 감동적인 이유야.

그래서 좋은 어머니가 되려면 무조건 자식을 위해서만도 안 되고, 좋은 자식이 되려면 무조건 어머니를 봉양하기만 해서도 안 돼. 진정의 어머니는 비록 직접 공부를 한 것은 아니지만 자식이 공부할 수 있게 발판을 마련함으로써 온 세상 사람들에게 도움이 되고 또 자신도 좋은 곳으로 갔잖아.

사람을 울리고 하늘을 감동시키다

이렇게 『삼국유사』의 마지막인 「효선」편까지 보았구나. 진정의 어머니가 보여 주었듯, 자신만 살지 않고 모든 사람들을 이롭게 하는 정신은 『삼국유사』 전체에 해당하는 것이기도 해. 지금까지 읽었듯이 『삼국유사』에 나오는 좋은 사람들은 저 혼자만 편하자고 한 사람들은 없구나. 나에게도 좋고 남에게도 좋은 그래서 우리 모두에게 좋은 선(善), 그런 것을 '공동선(共同善)'이라고 하는데 그걸 추구했던 거지.

가장 가치 있는 삶은 나만이 아니라
모두가 행복한 삶이 아닐까.

216

이 책에 등장하는 인물들을 꼽아 보면 그 점을 잘 알 수 있겠구나. 죽어서도 나라를 지키려 했던 문무왕, 사람 사는 세상을 널리 이롭게 하려던 단군, 여자가 다스리는 작은 나라라고 업신여기지 못하게 했던 선덕 여왕, 교만함을 떨쳐 낸 경흥, 공부의 참뜻은 모두 함께 잘 살아가는 것임을 보여 준 노힐부득, 첫 마음을 잃지 않고 끝까지 자비심을 실천한 혜통, 거짓말을 하지 않고도 이목을 살린 보양, 옷을 벗어 주고 한겨울에 알몸으로 뛴 정수….

이야기란 게 별 게 아니야. 재미있게 말하고 듣고 지어내는 가운데 아름다운 일들이 우리 가까이 오도록 하는 것, 그게 바로 이야기하기의 참맛일 거다.

이제부터는 무슨 일이 있거든 이렇게 생각하렴. 이 일이 꼭 어느 한쪽만을 위한 것인가, 두루두루 여럿을 좋게 하는 것인가? 이 일은 어느 한쪽만 애를 쓰는 것인가, 두루두루 여럿이 함께 애를 쓰는 것인가? 만약 뒤의 경우로 판단된다면, 그것이 곧 사람의 마음을 울리고, 또 하늘을 감동시킬 수 있을 거라고 믿어도 좋아. 그것이 또 이 책을 시작하면서 강조한 신비로운 일이 될 테고 말이지.

여기까지 읽느라 애썼다. 읽어 줘서 고마워.

일연 스님은 왜 효도 이야기를 따로 남겼나?

　일연 스님은 1206년에 태어나셔서 1289년에 84세로 돌아가신 고려 후기의 승려입니다. 14세에 승려가 되었고, 22세 되던 해에는 승과에 응시하여 장원 급제를 하기도 했습니다. 그러나 밖에 나서기보다는 주로 참선을 하면서 깨침을 구하였는데, 그의 학문과 명성이 높아지면서 국가의 부름에 응하기도 했습니다. 55세에 쓴 『중편조동오위』라는 책은 불교 사상에서 매우 중요한 저술입니다. 특히, 72세가 되던 1277년부터 5년간은 청도 운문사에 있으면서 불교의 진흥에 크게 기여했는데 이때 몽고군에 짓밟힌 신라의 수도 경주를 직접 목격했습니다. 『삼국유사』를 쓰기 시작한 것도 이 무렵으로 생각되는 만큼, 이 책에는 외세에 맞서는 민족정신이 담겨 있습니다. 78세에는 국사(國師)로 임명되어 나라의 자문 역할을 수행합니다.

　또 일연 스님은 효행으로 명성이 높은데, 14세에 출가하여 칠십여 년이나 어머니를 모시지 못하였지만 말년에는 경상북도 군위의 인각사에 머물면서 마지막 효도를 다했습니다. 중국 목주 출신의 진존숙이라는 스님이 계셨는데 그분은 짚신을 삼아 어머니를 봉양한 효자였는데, 일연 스님은 그 진존숙을 사모하여 스스로의 호를 '목암'이라고 지을 정도였습니다.

그러나 스님이 남긴 효도 이야기에서 중심을 두어야 할 것은 바로 이 이야기가 담긴 「효선」 편이라는 제목에 있습니다. 효가 효에 그치는 게 아니라 선으로까지 이어지는 것입니다. 효도를 하느라 희생을 한 이야기는 많았지만, 자식이 효도를 하면서 부모와 자식 모두가 선행을 쌓게 되는 이야기를 특별히 아꼈던 것 같고 본인의 삶 또한 그랬습니다. 이야기 속 진정 스님이 그랬듯이 일연 스님 역시 스스로 훌륭한 승려가 되었고 그 덕에 어머님도 편안히 명예롭게 살면서 당시로서는 보기 드물게 96세까지 장수하셨으니까요.

나무클래식 06

삼국유사 어디까지 읽어 봤니?

초판 1쇄 발행 2016년 2월 29일 | **초판 4쇄 발행** 2018년 3월 10일

지은이 이강엽 **그린이** 김이랑
펴낸이 이수미
북디자인 하늘·민
편집 김연희
마케팅 임수진

출력 국제피알 **종이** 세종페이퍼 **인쇄** 두성피앤엘 **유통** 신영북스

펴낸곳 나무를 심는 사람들
출판신고 2013년 1월 7일 제 2013-000004호
주소 서울시 마포구 양화로 156 엘지팰리스 1509호
전화 02-3141-2233 **팩스** 02-3141-2257
이메일 nasimsabooks@naver.com
블로그 blog.naver.com/nasimsabooks

ⓒ 이강엽, 2016
ISBN 979-11-86361-21-4 44910
　　　979-11-950305-7-6(세트)

이 도서의 국립중앙도서관 출판시도서목록(CIP)은
서지정보유통지원시스템 홈페이지(http://seoji.nl.go.kr)와
국가자료공동목록시스템(http://www.nl.go.kr/kolisnet)에서 이용하실 수 있습니다.
(CIP제어번호:CIP2016004400)

책값은 뒤표지에 있습니다. 잘못된 책은 바꾸어 드립니다.

고전이 어려운 청소년을 위한 나무클래식 시리즈

나무클래식 01 괴물, 인간을 탐구하다

프랑켄슈타인과 철학 좀 하는 괴물

문명식 글 | 원혜진 그림 | 올컬러 | 224쪽 | 값 12,800원

메리 셸리의 『프랑켄슈타인』의 줄거리를 따라가며 괴물과 함께 '나는 누구인가'의 답을 찾아 가는 철학소설이다. 이 책은 마치 작가가 괴물이 된 듯한 심정으로 인생의 본질적인 질문을 붙잡고 씨름하며, 나를 괴물로 만들어 이세상에 던진 신에게 왜 세상은 이렇게 창조되었는 지, 또 나는 왜 이렇게 괴물스러운지 처절하게 묻는다. 그 질문의 답을 찾는 과정에서 자연스럽게 서양철학의 주요개념들을 접하게 된다.

2014년 한국출판문화산업진흥원 우수저작 및 출판지원 당선작
책따세추천도서 선정
학교도서관저널 올해의 책 선정
2016 꿈꾸는 도서관 청소년 추천도서

나무클래식 02 『자본』을 쓴 경제학자 마르크스 이야기

공부의 신 마르크스, 돈을 연구하다

강신준 글 | 김고은 그림 | 올컬러 | 200쪽 | 값 12,000원

우리나라에 최초로 『자본』을 소개한 마르크스 전문가 강신준 교수가 십대를 위한 마르크스 이야기를 썼다. 마르크스가 경제와 관련된 진리를 찾아 세기의 역작 『자본』을 집대성하기까지의 과정을 중심으로 그의 삶을 입체적으로 다루고 있다. 지난 천 년 동안 인류에게 가장 중요한 영향을 미친 사람, 그가 쓴 원고 가운데 두 개가 세계기록유산에 선정된 사람 마르크스! 그의 삶과 금세기 최고의 저서 『자본』을 한 권으로 읽는다!

나무클래식 03 찰스 다윈에게 직접 듣는 『종의 기원』 특강

따개비 박사 다윈, 은수를 만나다

박성관 글 | 김고은 그림 | 올컬러 | 248쪽 | 값 12,800원

과학 역사상 최고의 고전으로 손꼽히는 『종의 기원』과 최고의 작품을 완성한 찰스 다윈의 면면을 한 권의 책으로 읽는다. 15년 넘게 다윈만 연구해 온 다윈 전문가 박성관이 청소년을 위해 세기의 고전을 완성도 높은 구성으로 설명한다. 맹랑하고 당찬 한국의 여학생 은수와 다윈의 대화를 생명의 기원에서부터 자연선택, 성선택, 인간선택에 이르기까지 진화론의 핵심 내용을 재미있고 알기 쉽게 들려준다.

2016 어린이도서연구회 선정도서
2016 아침독서 추천도서

나무클래식 04 시간 여행 속 과학의 비밀

타임머신과 과학 좀 하는 로봇

이한음 글 | 임익종 그림 | 올컬러 | 224쪽 | 값 12,800원

공상과학소설의 대부인 허버트 조지 웰스의 19세기 문제작 『타임머신』에 담겨진 과학적 질문에 대한 답을 찾아가는 청소년 과학소설이다. 과학전문 번역가이자 소설가인 이한음이 원작의 스토리와 문제의식을 그대로 살리면서 '시간여행은 가능한가' '미래 인류와 지구는 어떻게 진화할 것인가'라는 깊이 있는 과학적 주제를 청소년 눈높이에 맞춰 쉽고도 경쾌하게 다루고 있다. 원작에는 없는 인공지능 로봇이 시간 여행자와 동행하며 '할아버지 이론' '평행 우주 이론' 등 웰스가 미처 생각하지 못한 부분까지 끄집어내어 청소년의 과학적 지식과 상상력을 자극한다.

교보문고와 어린이 전문가들이 선정한 2015년 8월 키위맘 선정도서
2016 책둥이 아침독서 추천도서

나무클래식 05 『꿈의 해석』을 쓴 심리학자 프로이트 이야기

프로이트 의자에서 네 꿈을 만나 봐

부희령 글 | 이고은 그림 | 올컬러 | 200쪽 | 값 12,000원

이 책은 청소년을 위한 고전목록에 빠지지 않을 만큼 필독서이지만 너무 어렵게만 느껴져 어른들도 읽을 엄두가 나지 않았던 『꿈의 해석』의 집필과 관련된 프로이트의 주요 생애를 보여 주며 해설하여 정신분석의 핵심내용을 한눈에 파악하게 해 준다.

2016 책둥이 아침독서 추천도서
2016 한국출판문화산업진흥원 전자책 제작지원 당선작!

나무클래식 07 성진과 팔선녀 운명을 개척하다

구운몽 9인의 레벨업 프로젝트

이강엽 글 | 나오미양 그림 | 올컬러 | 216쪽 | 값 13,000원

우리 문학 최고의 영웅 이야기 『구운몽』을 성진과 팔선녀 아홉 명이 함께 성장해 나가는 '9인의 레벨업 프로젝트'로 새롭게 해석한 본격영웅 모험활극! 주어진 운명을 뛰어넘어 진짜 영웅이 되는 이야기가 흥미진진하게 펼쳐진다.

2016 꿈꾸는 도서관 청소년 추천도서

나무클래식 08

열하일기로 떠나는 세상 구경(근간)

이강엽 글 | 김윤정 그림 | 올컬러 | 240쪽

나무클래식 09

바스커빌 가의 개(근간)

이한음 글 | 원혜진 그림 | 올컬러